LILY BOWERS UND DER UNGEBETENE GAST

JESS LOHMANN

Übersetzt von
ERNST DREWS

Illustriert von
ANTONIA DREWS

INHALT

Liebe Mama, lieber Papa,
ihr habt mir beigebracht, die liebe Mutter Natur und alles, worum sie sich kümmert, zu respektieren. Vielen Dank für dieses tolle Geschenk, das ich zutiefst und für immer und ewig in meinem Herzen tragen werde. Möget Ihr beide in Frieden ruhen, mit Liebe in Euren Herzen und Licht in Euren Seelen. Ich habe Euch lieb und vermisse Euch sehr.

Liebe Leandra (meine Lily),
du bist mein Sonnenschein, so aufmerksam, so offen, so liebenswürdig. Die beste Umarmerin auf der ganzen Welt! Danke, dass Du meine Inspiration für dieses Buch bist. Ich liebe Dich bis zum Mond und zurück.

Mein lieber Ernst,
vielen Dank, dass ich mein Buch jetzt auf Deutsch lesen darf. Danke, dass Du für mich da bist, dass Du mich antreibst und dass Du an mich glaubst. Ich liebe Dich und freue mich auf den nächsten Weihnachtsmarkt!

Hi, ich bin Lily Bowers!
Möchtest du mit mir auf eine spannende Reise gehen?

1

DIE JAGD

Lily rannte, so schnell sie konnte, und bekam kaum noch Luft. Jedes Mal, wenn sie atmete, hatte sie das Gefühl, dass sich ihr Herz verkrampfte.

Ihr Leben war in Gefahr, aber ihre sonst so flinken Beine versagten. Es war hoffnungslos!

Sie ruderte wild mit den Armen, um noch schneller zu werden.

Jetzt bloß nicht umdrehen. Verfolgt er mich noch?

Ja, er war noch da. Und er holte rasendschnell auf. Er war also nicht nur groß, sondern auch sehr flink.

Sie glitt an den Baumstämmen vorbei, wie eine Libelle, die über das Wasser tanzt, aber es gab kein Entkommen. Doch sie war fast zu Hause. Würde sie es noch schaffen? Sie flehte den Himmel an, sie möge ihre Haustür erreichen.

Obwohl sie diesen Teil vom Reinhardswald, einem der größten deutschen Wälder, gut kannte – wahrscheinlich besser als ihr Zuhause, war ihre Wahrnehmung jetzt völlig eingeschränkt. Und das erschreckte sie noch mehr.

Wo ist die Fichte? Wo ist diese riesige Eiche? Oder der Fluss? Oder die süßen Gerüche vom Ahornbaum?

Alle Dinge, die sie in ihrem Wald geliebt hatte, waren verschwunden. Es war immer noch ein Wald, aber nicht mehr ihrer.

Dieser Wald war eine fremde Welt, bewohnt von seltsamen Wesen, gruseligen und riesigen Kreaturen.

Lily spürte, wie er näher kam, und sie schrie. Sein lautes Hecheln nahm ihr die letzte Hoffnung, es nach Hause zu schaffen.

Schweiß und Angsttränen vermischten sich auf ihrem Gesicht.

Sie sprang so hoch, wie sie konnte über einen toten umgestürzten Baum, der quer über dem Weg lag. Dabei streifte sie mit ihren Füßen einen Ast und stürzte hart zu Boden.

»Oh weh!« Lily hatte sich den Knöchel verdreht.

Nichts konnte sie jetzt noch retten.

Durch die Schlitze ihrer halb geschlossenen Augen sah sie, wie Speichel aus seinem Maul auf ihr Kinn tropfte. Sie traute sich aber nicht, ihre Hand zu heben, um ihn wegzuwischen.

Er beugte sich über sie. In seinem weit geöffneten Maul konnte man seine scharfen Zähne gut sehen. Sein leises Knurren brachte ihr heftig pochendes Herz einen Moment zum Stillstand.

Lily versuchte, sich zu bewegen, aber es half nichts. Das Wesen wog mindestens doppelt so viel wie sie. Jede Bewegung könnte ihn dazu bringen, ihr wehzutun.

Sie war gefangen, gelähmt.

Er fletschte die Zähne, knurrte wie ein tollwütiger Hund und wich ein Stück zurück, als ob er sie gleich angreifen wollte.

Lily zuckte zusammen.

Hu, was war das?

Sie sah sich um. Es war dunkel und still. Sie lag geschützt in ihrem Bett, in ihrem Zimmer.

Das war ein Traum? Oh, Gott sei Dank!

Lily atmete tief ein und wischte sich die Schweißperlen ab. Ihre Hände zitterten, und ihr Herz schlug wie afrikanische Stammestrommeln.

Eigentlich wollte sie aufstehen, aber die Dunkelheit war zu bedrohlich. Also kroch sie unter die Decke und versuchte, wieder einzuschlafen.

Das bringt nichts.

Der Albtraum beschäftigte sie viel zu sehr, um schlafen zu können. Sie schaltete ihr Leselicht ein und nahm das Buch, das sie zu Ende lesen wollte, bevor die Schule in zwei Tagen wieder anfing. Sie hatte erst die Hälfte geschafft, aber vielleicht war jetzt ein guter Moment dafür. Morgen würde sie jedenfalls keine Zeit haben. Da war der Ausflug mit ihren Eltern in den Vergnügungspark geplant, eine ihrer Lieblingsaktivitäten.

Die Wörter auf der Seite ihres Buches verschwammen vor ihren Augen zu seltsamen Bildern. Sie gab auf. Es schien unmöglich, sich auf das Buch zu konzentrieren. Lily schloss die Augen und rollte sich ein wie ein erschrockener Pangolin.

Ihre Augen waren gerade so weit geöffnet, dass sie ihre Uhr sehen konnte: 05:24.

Puh. Dass die Dunkelheit am Morgen sie davon abhielt, aufzustehen, war neu. Niemals zuvor hatte Lily sich durch sie verunsichert gefühlt. Auf diese Angst konnte sie wirklich verzichten.

›Piep. Piep. Piep.‹ Sie sah auf die Uhr. 06:30. *Endlich! DANKE!*

Während sie einen lustigen Tag mit ihren Eltern verbrachte, Achterbahn fuhr, Eis aß und Liveshows ansah, dachte Lily immer wieder an ihren Albtraum und wie sie von dem Wesen überwältigt worden war. Diese Erinnerung war beängstigender als die Achterbahn und die Geisterbahn zusammen.

Als sie wieder zu Hause waren, ging sie in ihr Zimmer und legte sich auf ihr Bett – immer noch beschäftigt mit ihrem Traum.

Oh nein. Was, wenn das ein Zeichen ist, dass etwas nicht stimmt mit meinem Wald? Was bedeutete dieser Traum nur?

Ein wenig beunruhigt beschloss sie, nachzuschauen, ob alles in Ordnung war. Es war noch hell, und so fragte sie ihre Eltern, ob sie noch mal in den Wald dürfte.

»Okay. Aber sei um 19:30 Uhr zu Hause. Du kennst die

Regeln, und außerdem hast du morgen einen großen Tag vor Dir!«, sagte Lilys Mutter.

»Danke Mama!« Kopflos und ohne Jacke stürmte sie aus der Tür. Sobald sie im Wald war, blieb sie stehen und atmete tief durch.

Ahhhhhhh, das ist besser. Hier, am schönsten Ort auf der ganzen Welt, fühlte sie sich sofort wieder ruhig.

Lily schaute hinter den Bäumen nach und ging sogar ein bisschen vom Weg ab. Aber nichts sah ungewöhnlich aus. Es gab keine gruselige Kreatur. Der Traum war jetzt nur noch eine Erinnerung an etwas, das nicht existierte.

Erleichtert ging sie zum Fluss hinunter und setzte sich für eine Weile auf einen großen Felsen.

Eine Libelle erregte ihre Aufmerksamkeit. Lilys Augen folgten ihr, wie sie knapp über der Wasseroberfläche hin und her tanzte. Plötzlich blieb sie mitten in der Luft stehen und drehte sich zu ihr um. Sie kam geradewegs auf sie zu, und beinahe berührten sich ihre Nasen. Lily sprang zuerst auf, erstarrte dann aber wieder, um ihre Besucherin nicht zu stören. Ihre Augen waren leicht gekreuzt. Die Libelle wich ein wenig zurück, als wollte sie ihr beim Sehen helfen.

Lily lächelte die blau schimmernde Schönheit an. Vorsichtig bot sie ihr ihren Finger als Landeplatz an. Die Libelle flog zu ihrem Finger, packte ihn mit ihren dünnen, schwarzen, stacheligen Beinen und schlug dann wie verrückt mit den Flügeln, als wollte sie sie hochheben.

Lily lachte und stand auf, um am Spiel der Libelle teilzunehmen. Aber die schien schon das Interesse verloren zu haben. Das Tier umkreiste sie nur noch ein paar Mal fast lautlos und flog schließlich zurück zur Oberfläche des Flusses, um dort alles zu fangen, was essbar war.

Erstaunliche Insekten, diese schönen Libellen. Sie erinnerte sich an einen Dokumentarfilm, den sie gesehen hatte und über deren unglaubliche Flugfähigkeiten bei der Jagd.

Eine kühle Brise wehte über sie hinweg, und sie wünschte, sie hätte ihre Jacke mitgenommen. Sie rieb ihre Hände über die Gänsehaut an ihren Armen und sah auf die Uhr.

Oh, ich bin zu spät. Ich sollte jetzt besser schnell nach Hause gehen!

Lily ging denselben Weg zurück, den sie sich zuvor gebahnt hatte. Der Matsch sammelte sich unter ihren Gummistiefeln. Ihr Weg schlängelte sich durch die Bäume.

Das Piepgeräusch ihres Telefons ließ sie aufschrecken.

»Lily, es wird Zeit, nach Hause zu kommen und sich fürs Bett fertig zu machen!«, stand in der Nachricht ihrer Mutter.

Jetzt musste sie sich wirklich ein wenig beeilen. Die Schatten der Bäume türmten sich über ihr auf, aber Lily machte das nichts aus, denn es war ja ihr Wald. Es war der Ort, an dem sie ihre ganze Freizeit verbrachte, um alles zu studieren und kennenzulernen, was es dort gibt – jeden Baum, jeden Strauch und natürlich alle Tiere.

Lily ging über einen dünnen Teppich aus Blättern einer riesigen Eiche. Buchenblätter wirbelten um sie herum.

Sie hielt kurz inne, schloss ihre großen braunen Augen und atmete tief ein. Ah, es roch nach süßem Ahorn. Das war Marley, der einzige Ahornbaum hier, der stolz in ihrem Wald stand.

Sie gab nicht jedem Baum einen Namen, aber sie glaubte, dass einige einen verdient hatten. Da war Ol' Eldridge, diese große, klumpige Eiche, die allein auf der kleinen Lichtung stand. Und dann war da noch Bernie, die Birke. Eines Sommers, als er Teile seiner Rinde verlor, fiel Lily ein großes Stück direkt auf den Kopf.

Die Sonne verabschiedete sich langsam durch die Baumkronen, die fast den ganzen Himmel bedeckten. Um besser sehen zu können, schaltete sie die Taschenlampe ihres Handys ein und ging weiter.

Morgen ist ein großer Tag, ein wirklich großer Tag. Keine Grundschule mehr. Keine Heulsusen in der ersten oder zweiten Klasse oder laute, grobe Jungs. Ich kann es kaum erwarten, in meine neue Schule zu gehen.

Ja, morgen würde sie endlich in die fünfte Klasse ihrer neuen Schule kommen. Mit den Zwölftklässlern im selben Gebäude zu lernen, das war schon eine seltsame Vorstellung.

Sie war ganz schön aufgeregt. Ihr Magen fühlte sich an, als würde sie auf einem Trampolin Saltos machen.

Hab keine Angst. Sie kickte einen Stock in die Luft. »Es wird nichts so heiß gegessen, wie es gekocht wird.« Das sagte ihre Mutter immer. Es würde genauso sein wie damals, als sie von Colorado aus den USA nach Deutschland gezogen waren, weil ihr Vater einen neuen Job bekommen hatte. Sie würde sicherlich schneller eine Menge Freunde finden, als sie schauen konnte. Alle Sorgen würden dann vergessen sein.

Alles wird gut. Auf dieser Schule wird es bestimmt wirklich toll werden. Irgendwann würde sie sich das auch selbst glauben.

Ihre Grundschullehrerin, Frau Flens, war die beste Lehrerin aller Zeiten, und Lily vermisste sie jetzt schon. *Wird meine neue Klassenlehrerin nett sein? Oder wird sie streng sein, so wie die Vertretungslehrerin, deren Namen ich schon wieder vergessen habe. Uff, diese vier Monate mit ihr waren eine verdammt lange Zeit gewesen.*

Mit gesenktem Kopf schlängelte sich Lily weiter zwischen den Bäumen hindurch. Dann kam sie zu einer kleinen Lichtung, die bald in herrliche Herbstfarben gehüllt sein würde. Sie schob sich gekonnt den rutschigen, schlammigen Hügel hinunter und schwang sich um den großen Fichtenbaum, der über einen flachen Felsen ragte. Auf den setzte sie sich. Dann schlüpfte sie durch die Öffnung, die sie ins Unterholz geschnitten hatte. Dadurch kam sie direkt in ihren Garten.

Diese Büsche waren alles, was zwischen ihrem Haus und ihrem schönen Wald lag. Sie boten kaum Schutz vor den Wildschweinen, die nachts hier herumstreifen. Aber vor denen hatte sie eh keine Angst.

»Solange du ihnen nicht zu nahe kommst oder sie sich durch dich nicht bedroht fühlen, werden sie dir nichts tun. Wenn eines von ihnen dich angreift, spring in letzter Sekunde zur Seite, um es zu verwirren. Finde einen großen Stock, um dich zu verteidigen und einen Baum um rauf zu klettern. Dann ruf mich an, damit ich dich holen kann.« Das hatte ihre Mutter ihr einige Male gesagt. Sie warnte Lily auch davor, nicht alleine in den Wald zu gehen, wenn es dunkel war.

Einfache Regeln, gegen die Lily nie verstoßen hatte. Bis heute Abend.

2

LILYS NEUER FREUND

Sie war einfach noch nicht bereit für die neue Schule. Und, sich in ihrem Wald so sicher wie möglich zu fühlen, war es wert, gegen eine Regel zu verstoßen. Nur dieses eine Mal.

Nicht, dass sie sich zu Hause nicht wohlgefühlt hätte. Es war nur so, dass der Wald ihr etwas bot, was viele Menschen ihr nicht geben konnten: Ruhe. Eine ganz andere Welt! Eine Welt des Friedens, der reinen Natur und deren purer Schönheit.

Lily sah in allen Lebensformen etwas Schönes. Schon als kleines Mädchen war sie fasziniert von kleinen Insekten gewesen, die auf dem Boden krabbelten oder durch die Luft flogen. Selbst Spinnen, die ihre Netze bauten, mochte sie.

Am allermeisten liebte sie die Geräusche des Waldes: das Zwitschern, das Rascheln der Herbstblätter, wenn sie von den Bäumen fielen und durch den Wald wehten, die fernen Rufe der Greifvögel. Und manchmal nachts, wenn es richtig still war, konnte sie sogar das Heulen eines Wolfes hören.

Die menschliche Angst vor ihnen hatte Ende des 19. Jahrhunderts dafür gesorgt, dass Jäger sie ausgerottet hatten und ihr Ruf aus den deutschen Wäldern verschwand. Stille war eingetreten. Aber jetzt kamen sie zum Glück langsam zurück. Und das ließ Lilys Herz laut singen.

Ihr Vater scherzte immer, sie werde wohl von einer Familie Wölfe großgezogen, weil sie ihre ganze Freizeit im Wald verbringe. Manchmal mit einer Freundin oder ihren Eltern, aber meist alleine.

Sobald Lily zur Tür hereinkam, hörte sie ihre Mutter erleichtert seufzen. Dann aber schimpfte sie los: »Ich habe dir gesagt, du sollst nicht so lange draußen bleiben. Es ist viel zu gefährlich, Lily!«

»Aber es ist noch nicht richtig dunkel und der Wald ist nicht gefährlich. Ich habe irgendwie die Zeit vergessen, Mama. Es tut mir leid.«

»Die Zeit vergessen, das sollte nicht zur Gewohnheit werden. Wenn du das nächste Mal zu spät kommst, gibt es Stubenarrest. Verstanden?«

»Ja Mama, es tut mir wirklich leid.« Lily senkte den Kopf.

Lilys Vater saß auf seinem Stuhl und las die Zeitung. Er sah auf und zwinkerte ihr zu. Sie zwinkerte zurück. Dann ging sie nach oben, um sich fürs Bett fertig zu machen. *Papa ist immer viel entspannter als Mama.*

Später kamen ihre Eltern nach oben, um ihr Gute Nacht zu sagen. »Mama, wie hast du dich vor deinem ersten Tag in der weiterführenden Schule gefühlt?«

»So nervös wie eine Katze in ihrer Transportbox, wenn es zum Tierarzt geht. Aber es war völlig überflüssig, nervös zu sein. Meine Lehrer und Klassenkameraden waren großartig, und es war eine wertvolle Erfahrung. Ich bin sicher, du wirst viel lernen und noch mehr Spaß haben. Schlaf jetzt, es ist schon spät. Gute Nacht, mein Schatz.«

»Gute Nacht, Mama. Gute Nacht, Papa. Ich liebe euch beide.«

»Wir lieben dich auch. Schlaf gut.« Ihre Eltern machten das Licht aus und verließen das Zimmer.

Lily war sich nicht sicher, was ihre Mutter mit ›wertvoller Erfahrung‹ meinte. Sie lag auf dem Rücken und betrachtete die leuchtenden Sterne, die an ihrer Zimmerdecke klebten.

»Bitte lass meine Lehrer und Klassenkameraden nett sein. Bitte, ich werde alles tun«, flüsterte sie. Vielleicht konnte sie ja jemand hören.

Nach einer Weile schlief sie ein.

Plötzlich weckte sie ein lautes Geräusch.

»Aaaaaoooooh!« Ein helles Heulen drang scharf in Lilys Ohren. Sie schüttelte heftig ihren Kopf, um das Geräusch zu vertreiben. Aber sie hörte es wieder. Diesmal etwas näher, glaubte sie – zu nahe! Sie riss die Augen auf. In ihrem Zimmer war es vollkommen still. Sie richtete ihren Blick auf die Balkontür. *Ist das ein Schatten?*

Ja, und er bewegte sich! Lily zog die Decke über ihren Kopf.

»Mama! Papa! Hilfe!«, wimmerte sie, aber die Decke verschluckte ihre schwache Stimme.

Der Traum der letzten Nacht schoss ihr wieder durch den Kopf. Kleine Schweißperlen bildeten sich auf ihrer Stirn.

Kratz, kratz, kratz. Lily blinzelte vorsichtig mit einem Auge. Der Schatten war immer noch da. Jetzt bewegte er sich langsam hinter ihrem Vorhang.

Ein helles, kaum hörbares Wimmern drang durch die Tür in ihr Zimmer. Ohne nachzudenken, schob sie die Bettdecke zur Seite und glitt über den Teppich zur Balkontür.

Mit einer schnellen Bewegung öffnete sie die Vorhänge und schaute hinaus. Aber draußen war es zu dunkel, um etwas sehen zu können.

Ahhh! Sie wich ein paar Schritte zurück. Da war ein riesiges hundeähnliches Gesicht, das sie anstarrte. Zumindest dachte sie, es wäre ein Hundegesicht. Aber es war größer als bei jedem Hund, den sie jemals zuvor gesehen hatte.

Ihre Angst nahm mit jeder Sekunde zu, aber ihre Neugier wuchs im selben Tempo.

Also ging sie langsam wieder zum Fenster der Balkontür.

Lily sah direkt in die flehenden Augen des Hundes und spürte eine Welle von Sympathie und Ruhe in ihrem Körper aufsteigen.

Instinktiv öffnete sie vorsichtig die Tür und flüsterte: »Hallo, Hund! Geht es dir gut?« Er machte ein paar Schritte auf Lily zu.

Es war kein Hund. Es sah eher aus wie ... *Wow, ein Wolf!*

»Ooohh!« Sie schloss schnell die Tür und die Vorhänge. Ihr Herz klopfte bis zum Hals. Im selben Moment, als sie Luft holte, um nach ihrem Vater zu rufen, kratzte die Kreatur an der Tür und stieß erneut ein leises Wimmern aus.

Vielleicht ist er verletzt und braucht Hilfe. Ich kann ihn nicht einfach alleine lassen.

Lily spähte durch die Vorhänge. Das Tier legte den Kopf zur Seite und sah sie mit großen, einsamen, traurigen Augen an.

Er sieht so süß aus.

»Bist du verletzt?«, fragte Lily durch die Glastür.

»Ja, mein Schwanz ist in einer Falle hängen geblieben. Ich hatte Glück, dass ich nicht hineingetreten bin«, antwortete das Tier. Seine Stimme erinnerte sie an die beruhigende Stimme ihres Vaters.

»Komm herein.« Lily öffnete die Tür, ohne nachzudenken. »Lass mich einen Blick darauf werfen.«

Das Tier kroch vorsichtig in Lilys Zimmer. Sie ging zum Lichtschalter, um das große Licht einzuschalten. Als sie sich wieder umdrehte, schnappte sie nach Luft. »Oh mein…! Du bist bestimmt kein Hund! Bist du ein Wolf? Ich habe schon Wölfe gesehen, aber du bist viel größer als sie.«

»Ja, ich bin ein großer Wolf, aber kein böser«, kicherte er.

Das Fell des riesigen Wolfes war wunderschön mit seinen schwarzen, braunen und beigen Haaren. Auf der Stirn befand sich eine einzigartige vertikale schwarze Zeichnung. Er hatte champagnerfarbene Ohren und ein weißes Maul mit langen dunklen Haaren, die besonders hervorschimmerten. Glänzende mintfarbene Augen musterten sie, als er durch seine flammende, pechschwarze Schnauze tief einatmete.

Ich habe noch nie ein großartigeres Wesen gesehen ...

Lily stutzte. Ihre Augenbrauen zogen sich zusammen. »Warte ... Moment mal ... du kannst ... sprechen?«

»Nur mit dir«, entgegnete der Wolf.

Lily wankte zu ihrem Bett, ihre Knie waren ganz weich. *Das muss wieder ein Traum sein.*

Das erneute Wimmern des Wolfes holte Lily in die Realität zurück.

Sie schüttelte sich noch einmal, um wieder einen klaren Gedanken fassen zu können.

»Oh, es tut mir leid. Ich habe deine Wunde vergessen. Bitte leg dich hin. Ich werde es mir ansehen.«

Lily überprüfte sofort seine braune buschige Rute. Sie war nicht gebrochen, aber es gab einen tiefen Schnitt von der Falle, und dieser musste gereinigt werden.

»Ich glaube, dass es dir bald wieder besser gehen wird. Warte hier. Ich bin gleich wieder bei dir.«

Da sie wusste, dass ihre Eltern ihren außergewöhnlichen Gast nicht gutheißen würden, musste sie sehr leise sein. Sie ging auf Zehenspitzen die Treppe hinunter, am Wohnzimmer vorbei und durch die Küche, um den Erste-Hilfe-Koffer aus der Speisekammer zu holen. Glücklicherweise hatte sie ihre Eltern nicht geweckt.

Als sie zurückkam, lag der Wolf genau an derselben Stelle.

Nachdem sie die Wunde so gut sie konnte, gereinigt und verbunden hatte, klatschte sie in die Hände. »Los gehts! So gut wie neu!«

»Danke«, antwortete der Wolf leise und stand auf. »Ich wusste, dass du mir helfen würdest.«

»Was? Warum?«

»Ich weiß, wie sehr du dich um Tiere kümmerst und dass du sie liebst.«

»Nun, das ist wahr. Trotzdem hätte es sein können, dass ich nach meinen Eltern rufe. Die hätten dich verletzen oder schlimmer, vielleicht töten können!«

»Ich wusste, dass du nicht schreien würdest.«

»Ich war mir allerdings nicht so sicher. Du hast mich wirklich erschreckt.« Sie machte eine Pause. »Hey, bist du ein Junge oder ein Mädchen?«

»Ich bin männlich.«

»Wie heißt du?«

»Alo. Alpina, die Mutter meiner Familie, hat mich so genannt. Es bedeutet ›Spiritueller Führer‹.«

»Schön dich kennenzulernen, Alo. Ich bin Lily.«

»Ich weiß!« Alo verneigte sich vor ihr, während er seinen Kopf senkte und die rechte Pfote auf seine Brust legte.

»Ja wirklich? Wie?« Lily setzte sich auf ihr Bett.

»Ich kenne Dich seit deiner Kindheit. Ich habe dich oft im Garten spielen sehen.«

»Das hätte ich bemerkt«, wandte Lily ein.

»Einmal, als du einen Schmetterling aus einem Spinnennetz befreit hast, ja. Da hast du mich entdeckt.«

»Hhhhmmm, daran kann ich mich überhaupt nicht mehr erinnern!«

»Du warst noch sehr jung und gerade hierher gezogen. Wir schauten uns eine ganze Weile an, dann bist du losgerannt, um deinen Vater zu holen, und ich habe das Weite gesucht. Es war noch zu früh, dich kennenzulernen und ganz sicher nicht die Zeit, deinen Vater zu treffen. Aber jetzt bist du zehn Jahre alt und wirst das alles verstehen.«

»Verstehen, was?« Lily beugte sich vor und hörte aufmerksam zu. Alo machte eine Pause. Er fuhr mit sehr leiser Stimme fort. »Wie man sie heilt.«

»Wen? Das verstehe ich nicht. Ist jemand krank? Lilys Gedanken überschlugen sich. »Warum bist du überhaupt hier? Woher wusstest du, dass ich Tiere liebe und pflege?« Sie fragte und fragte, Alo kam gar nicht dazu, zu antworten. »Sag mir bitte, was los ist.«

»Du wirst alles früh genug herausfinden. Jetzt schlaf ein bisschen. Es ist schon fast hell und du hast heute einen großen Tag vor dir.«

Bevor Lily fragen konnte, woher er davon wusste, hatte sich Alo schon umgedreht und war nach draußen geschlichen. Sie sah ihn gerade noch vom Balkon springen.

Lily steckte den Kopf durch die Tür und beobachtete, wie er durch das Loch im Gebüsch kroch und im dunklen Wald verschwand.

Sie rieb sich die Augen, um sicherzugehen, dass sie sich die ganze Begegnung nicht eingebildet hatte. Eine kühle Brise wehte in ihr Zimmer und sie schloss die Tür.

Zurück ins Bett zu kriechen war einfach. Aber es war unmöglich, wieder einzuschlafen.

Was meinte Alo mit ›sie heilen‹?

Lily fiel es schwer, sich zu beruhigen. Als die Gedanken endlich langsamer wurden, sank ihr Kopf tiefer ins Kissen und sie schlief ein.

3

GEMEINE MÄDCHEN UND RAUFLUSTIGE JUNGS

Musik dröhnte aus ihrem Wecker. Lily schreckte in ihrem Bett auf. Die Sonne schien hell durch die Vorhänge. Sie sprang aus ihrem Bett, rannte zur Balkontür und öffnete sie.

Lily hatte freie Sicht auf ihren Garten und den Wald. Es waren keine Wildtiere zu sehen, außer ein paar Meisen, die am Vogelhäuschen frühstückten. Ihr Zwitschern war das Einzige, was sie hörte.

War das ein weiterer verrückter Traum? Ernsthaft, was ist los?

Sie schüttelte ungläubig den Kopf. Als sie die Tür schloss, bemerkte sie ein Haarbüschel am Türrahmen.

Sie zog es heraus und schaute es sich genau an. Es sah aus wie das Fell eines Wolfes.

Das ist verrückt! Ich kann mich letzte Nacht nicht mit einem Wolf unterhalten haben!

Sie schüttelte erneut den Kopf und bereitete sich auf den ersten Tag in ihrer neuen Schule vor.

Da war es wieder, das flaue Gefühl im Magen. Ihr war ganz schön übel. Lily rannte los. Auf dem Weg zur Toilette stolperte sie über Ralph, ihre Breitrandschildkröte.

Er war Lilys einziges Haustier. Das schlaue Kerlchen fand

ständig einen Weg aus seinem riesigen Terrarium, welches die komplette Länge einer Wand einnahm.

Sie liebte es, wie ruhig er die meiste Zeit war. Aber er konnte sie auch zum Lachen bringen.

Eine ihrer Lieblingssituationen war, wenn er im Hof Löwenzahn verschlang. Löwenzahn war seine absolute Leibspeise, oder zumindest dachte Lily das. Wenn er ihn mampfte, ächzte er leise und rollte mit den Augen. Dann, wenn er das letzte Stück gefressen hatte, fiepte er und sah Lily mit großen glänzenden Augen an, als wollte er sagen: »Noch mehr, ich bin am Verhungern!«

»Autsch! Sei vorsichtig, Lily! Ich bin nicht schnell genug, um dir aus dem Weg zu gehen.«

Sie erstarrte. *Jetzt spricht auch meine Schildkröte mit mir?*

»Ja, ich kann auch sprechen, genau wie Alo«, sagte er. »Tatsächlich können wir es alle, aber nur du kannst uns verstehen.«

»Ich verstehe überhaupt nichts mehr. Was ist auf einmal los mit mir?« Sie war so verwirrt, dass sie ihre Übelkeit nicht mehr spürte.

»Ich habe momentan keine Zeit, dir alles zu erklären. Du musst jetzt auch zur Schule gehen. Aber mach dir keine Sorgen, du bist total in Ordnung«, sagte Ralph.

»Lily, komm runter, das Frühstück ist fertig«, rief ihre Mutter vom Fuß der Treppe herauf.

Lily gehorchte ihrer Mutter und ging wie in Trance die Treppe hinunter.

»Bereit für deinen großen Tag?«, fragte ihre Mutter.

»Natürlich ist sie das. Sie ist seit der zweiten Klasse bereit. Richtig, Kürbis?«, kicherte ihr Vater.

»Ähm, ja, ich bin bereit. Ich hoffe nur, dass meine Klassenlehrerin nett ist.« Lily erwachte langsam aus ihrem Dämmerzustand.

»Nun, wir haben sie auf dem Kennenlernabend getroffen, und sie schien sehr nett zu sein«, sagte Lilys Mutter.

»Mamaaa, das sagst du über alle.« Lily verdrehte die Augen und sah ihren Vater an, der zustimmend nickte.

Nach dem Frühstück machte Lily ihre Sachen fertig, küsste ihre Eltern zum Abschied und ging zur Bushaltestelle. Ihre alte Grundschule war zu Fuß erreichbar gewesen, und so fuhr sie heute das erste Mal mit dem Bus zur Schule.

Unterwegs traf sie Eva und Till, ihre besten Freunde in Deutschland. Lily hatte sie kurz nach ihrem Umzug in der Grundschule kennengelernt.

»Oh wow, es ist toll, wie du das selbst hinbekommen hast, Eva!« Lily lobte Evas wunderschönes blondes geflochtenes Haar. Den ganzen Sommer lang hatten die beiden an der anderen neue Flechttechniken geübt, die sie sich aus DIY-Videos abgeschaut hatten. Anscheinend konnte Eva sich die Haare jetzt auch selber flechten!

Lily seufzte erleichtert, als sie Till sah. Seine Anwesenheit beruhigte sie, denn er war zwei Jahre älter und wusste bereits alles über die neue Schule.

»Oh, mein Gott! Ich bin wahnsinnig aufgeregt!«, rief Eva.

Till verdrehte seine dunkelblauen Augen: »Entspann dich Eva! Es ist nur eine normale Schule mit normalen Kindern.«

»Das denkst du vielleicht, Till.« Eva drehte sich zu Lily um. »Nun, willst du denn nichts sagen?«

»Oh, ich weiß es nicht. Ich bin auch etwas nervös und aufgeregt. Ich hoffe nur, dass unsere Lehrerin nett ist.« Lily stieg zuerst in den Bus und ließ sich an einem Fensterplatz nieder.

Eva setzte sich neben sie. Till nahm vor ihnen Platz und drehte sich um, um das Gespräch fortzusetzen.

»Hi, Till! Es ist schön, dich wiederzusehen.« Ein wunderschönes Mädchen ging an ihnen vorbei. Dabei schüttelte sie ihr rotbraunes, langes welliges Haar und lächelte Till breit an.

»Ähm, hi, Viktoria!« Tills normalerweise blasses Gesicht wurde hellrot.

»Wow! Wer war das denn? Deine Freundin?«, kicherte Eva.

»Nein, sie ist nur ein Mädchen aus meiner Klasse. Keine große Sache.«

»Moment mal! Ist das DIE Viktoria? Vor der uns Marc gewarnt hat?«, fragte Lily. Marc war ein Freund aus ihrer Klasse, mit dem sie oft etwas unternahmen.

»Was meinst du mit ›gewarnt‹?« Viktoria ist ein nettes Mädchen. »Zu mir sowieso.« Till zuckte mit den Schultern.

»Nun, er sagte, da wäre dieses eine rothaarige Mädchen namens Viktoria, das zwei Jahre älter sei und andere gerne ein bisschen schikaniere. Und dass sie besonders gemein zu Mädchen aus der fünften Klasse sei.«

»Er sagte auch, dass wir uns besser nicht mit ihr anlegen und unsichtbar machen sollten, wenn sie in der Nähe sei. Erinnerst du dich?«, fügte Eva hinzu.

»Danke für die Erinnerung!« Lily schüttelte den Kopf.

Unsichtbar werden. Ja, genau! Aber wie stellen wir das am besten an? Ich habe meine Verschwindibus-Creme zu Hause vergessen!

Eine vertraute Übelkeit erreichte ihren Bauch und ihr Hals schnürte sich zu, gerade so, als presse jemand eine Zitrone aus. Sie wusste genau, wie gemein Mädchen sein können. In der ersten Klasse hatte sie einen traurigen Vorgeschmack von ihnen erhalten und deshalb auch häufig unter Bauchschmerzen gelitten.

Sie erinnerte sich gut an diese Zeit. Als sie einmal endlich einen ruhigen Ort zum Lesen gefunden hatte, hatte Cora auf sie gezeigt und sie ausgelacht. Außerdem hatte sie noch gesagt, niemand wolle in der Pause mit ihr spielen. Dann die zahlreichen Male, in denen Susanne, eine Viertklässlerin, ihr und ihren Freunden befohlen hatte, ihren Teller zur Theke der Cafeteria zurückzubringen. »Sonst würde etwas passieren.« Auch waren die Zeiten unvergessen, in denen Johanna ihre Bücher geklaut und im Sandkasten vergraben hatte. Nach dem letzten Mal fehlte Lilys Mathematikbuch, und sie konnte am Wochenende ihre Hausaufgaben nicht machen.

Einige Mädchen waren gemein und herrisch, und einige Jungs waren laut und rauflustig, was dazu führte, dass sich ihr Magen oft auf verschiedenste Weise drehte. Der Arzt hatte ihrer Mutter damals gesagt, dass mit Lily körperlich alles in Ordnung sei. Das alles würde sich in ihrem Kopf abspielen. Ihre Bauchschmerzen hörten in der zweiten Klasse auf, nachdem sich die Dinge beruhigt hatten. Aber da dies ihr erstes Jahr an der neuen Schule war, hatte sie Angst, dass diese Phantombauchschmerzen zurückkehren könnten.

Ich bin jetzt zehn. Ich kann damit umgehen, sogar mit verrückten Mädchen und nervigen Jungs. Lily holte tief Luft.

Sie kamen in der Schule an. Als sie aus dem Bus ausstieg, nahm sie die Massen an älteren Kindern um sich herum wahr. Ihre Grundschule hatte nur etwa 100 Schüler. Ihre neue Schule hatte laut Broschüre etwa 700.

Kurz bevor sie die Tür zum Haupteingang erreichen konnte, schnitten drei ältere Mädchen Lily den Weg ab, öffneten sie und ließen sie direkt vor ihrer Nase zufallen.

»Das vorne ist Viktoria, vor der uns Marc gewarnt hat. Und das dahinter müssen ihre Hofdamen sein. Ich denke, wir sollten uns von allen fernhalten«, flüsterte Eva.

Lily sah Eva nur stumm an und nickte. Das Letzte, was Lily wollte, war, sich herumschubsen zu lassen.

Sie öffneten die Tür und gingen hinein.

Muffige Gebäudeluft füllte ihre Nasenlöcher. »Schnappe nach guter Luft und atme schlechte Luft schnell aus«, pflegte ihr Opa zu sagen. Aber wie in aller Welt konnte sie das jetzt tun? Es gab hier keine gute Luft.

Stattdessen schloss sie die Augen und stellte sich vor, in der Nähe von Marley zu stehen, dem süß riechenden Ahornbaum in ihrem Wald. Sie blickte zum Himmel, breitete die Arme nach beiden Seiten aus und atmete so tief ein, wie sie konnte.

Ahhhhh, viel besser.

Lilys Augen waren immer noch geschlossen, aber in ihrem Wald waren sie weit geöffnet, als sie sich mit ausgebreiteten Armen um sich selbst drehte. Sie konzentrierte sich auf nichts. Als sie glaubte, den Wind in ihrem Gesicht zu spüren, begann sie zu lächeln. Je schneller sie herumwirbelte, desto unschärfer wurde ihr Wald, bis nur noch ein verschwommenes Grün übrig blieb.

»Eh!« Lily zuckte zusammen, als das Gesicht einer merkwürdigen älteren Frau plötzlich direkt vor ihrem Gesicht erschien. Sehr nah, viel zu nah.

Der erste Schlag der Schulglocke brachte Lily zurück in die Realität.

»Was ist gerade passiert?«

»Bist du in Ordnung? Es sah so aus, als wärst du in einer anderen Welt«, fragte sie Till.

»Ja, mir geht es gut. Entschuldigung, ich habe nur geträumt.«

»Ich muss hier lang, sehe euch beide später!« Till verließ Lily und Eva, um in einen anderen Teil des Gebäudes zu gehen.

»Komm schon, Eva, wir beeilen uns besser.« Sie gingen hastig durch die Flure an kreischenden Kindern vorbei, um in ihr Klassenzimmer zu gelangen.

Lily kam herein und bemerkte, dass sie nicht die Einzige war, die nervös war. Niemand saß still, und Schultaschen lagen überall auf dem Boden herum.

Ihr Magen drehte sich noch einmal um sich selbst.

Bitte, Frau ... Wie auch immer Sie heißen, seien Sie nett.

Lilys neue Lehrerin kam zügig herein, wandte sich an die Klasse und blickte dabei über ihre abgerundete Brille auf ihrer Nasenspitze. Ihr Lächeln schien gezwungen.

»Guten Morgen allerseits! Es ist schön, euch wiederzusehen. Sucht euch einen Platz und stellt eure Taschen rechts von eurem Tisch auf den Boden.«

Innerhalb von Sekunden saßen alle, und Stille kehrte ein.

»Wenn ihr es bereits wieder vergessen habt, ich heiße Frau Weinart und freue mich sehr, euch in eurer neuen Schule begrüßen zu dürfen!«

»Erster Punkt auf der Tagesordnung: Anwesenheitskontrolle. Hebt eure Hand, wenn ich euren Namen vorlese.« Nun las sie die Namen aller Schüler von einer Liste ab. Alle waren da.

»Okay, ich bin froh, dass das erledigt ist. Jetzt werden wir einen Rundgang durch die Schule machen. Ich möchte, dass ihr euch einen Partner sucht und dann in Zweierreihen hinter mir her geht. Und nicht aus der Reihe tanzen! Es gibt heute zu viele neue Schüler, und ich habe keine Lust, ›Verstecken‹ mit euch zu spielen. Verstanden?«

Nachdem Frau Weinart mit den Kindern den Rundgang durch die Schule gemacht hatte, war es Zeit für eine kurze Pause.

»Puh, sie ist irgendwie herrisch, oder?«, flüsterte Lily Eva zu.

»Ja wirklich. Mit ihrem Dutt sieht sie wie eine Nonne aus, die keinen Spaß haben darf.« Eva lachte über ihren eigenen Vergleich.

Sie gingen zu Till herüber, der mit seinen Klassenkameraden über Fußball sprach.

»Iiih, Fußball! Lass uns stattdessen lieber mit denen spielen.« Eva zeigte auf eine kleine Gruppe von Kindern aus ihrer Nachbarschaft.

Auf dem Weg zu ihnen musste Lily einem kleinen Vogel ausweichen, der direkt an ihrem Kopf vorbeiflog und auf einem nah gelegenen Ast landete. »Ich wünsche dir einen schönen Tag, Lily«, zwitscherte der Vogel.

»Danke dir auch«, antwortete Lily.

Verdammt, ich habe völlig vergessen, dass ich mit Tieren sprechen kann! Puh, ich bin froh, dass es niemand bemerkt hat. Ich bin besser noch etwas vorsichtiger.

Eva ging zu der Gruppe und fragte, ob sie zusammen spielen könnten, aber Lily wollte nicht mehr. Es waren wirklich nette Freunde, aber ihre Gedanken waren jetzt bei diesem Wolf und dem Gespräch mit Ralph heute Morgen.

Ich muss diesen Wolf wiedersehen. Wie war sein Name noch mal?

»Alo!«, sagte Lily. »Das war's!«

»Was hast du gesagt?«, fragte Marc.

Lily wurde rot. »Ach nichts, ich habe nur laut nachgedacht. Was spielst du?«

Sie bemühte sich, so interessiert am Spiel wie möglich auszusehen. Aber sie konnte Alo nicht aus ihren Gedanken verdrängen.

»Lily, pass auf, du bist dran!«, schrie Eva.

»Oh, das tut mir leid.«

Die Glocke läutete, und Lily eilte dankbar zurück in ihr Klassenzimmer. Wie konnte sie sich mit Gedanken an sprechende Tiere in ihrem Kopf auf ein Spiel konzentrieren?

4

DIE MAGISCHE MÜNZE

Der Rest des Morgens flog an ihr vorbei. Nachdem die Mittagsglocke geläutet hatte, trafen sich Lily, Eva und Till auf dem Flur, um gemeinsam in die Cafeteria zu gehen.

Als sie in der Schlange standen, rempelten Lily ein paar tobende Jungs aus ihrer Klasse an. Mit Karacho stieß sie gegen das Mädchen vor ihr.

»Hey, passt auf!«, schrie Lily die Jungs an.

Ihr Herz pochte laut, als sich das Mädchen vor ihr schnell umdrehte. Erschrocken wich sie zurück und suchte Schutz an Tills breiter Brust. Es war Viktoria.

Till trat zwischen die beiden Mädchen. »Viktoria, es war keine Absicht. Die Jungs da drüben haben sie angerempelt«, sagte er.

»Na gut. Wenn du das sagst.« Viktoria lächelte Till an, wandte sich einer Freundin zu und murmelte ihr etwas ins Ohr. Danach drehte sie sich langsam wieder um und warf Lily einen bösen Blick zu.

Zitternd wandte sich Lily an Till. »Danke. Ich weiß nicht, was ich getan hätte, wenn du nicht hier gewesen wärst.«

»Es ist in Ordnung. Mach dir keine Sorgen, sie ist wirklich nicht gemein.«

»Wow, dieser Blick war aber nicht sehr freundlich«, flüsterte Eva von hinten.

Lily war nervös wegen des Vorfalls in der Cafeteria und sehr erleichtert, dass der Nachmittag schnell vorbeigegangen war.

Auf der Busfahrt nach Hause dachte sie an ihre nicht so nette Lehrerin und an Viktoria, von der man wohl dasselbe sagen konnte.

Morgen wird es besser, hoffe ich.

Als Lily zu Hause ankam, eilte sie schnell ins Haus, sagte ›Hallo‹ zu ihrer Mutter und rannte dann nach oben.

»Lily, komm bitte zurück, ich möchte etwas von deinem ersten Tag hören«, drang ihre Mutter.

»Es war großartig, Mama. Ich werde dir und Papa während des Abendessens alles erzählen. Ich muss jetzt in den Wald, um nach dem Vogel zu sehen, dem ich gestern geholfen habe.«

»Was ist mit Hausaufgaben?«, rief ihre Mutter vom Sofa.

»Nicht am ersten Tag, Mama«, rief sie aus ihrem Zimmer zurück.

»Was ist mit Ralphs Terrarium? Hast du es sauber gemacht?«

»Mama, ich putze es jeden Tag. Es funkelt, und Ralph ist glücklich. Kann ich jetzt bitte kurz weg?«

»Okay! Aber sei um sechs zu Hause!«

»Danke, Mama, du bist die Beste!«

Bevor ihre Mutter antworten konnte, rannte Lily die Treppe hinunter, zur Hintertür hinaus und auf die Hecke zu, die in den Wald führte.

Sie ging zügig und versuchte, nicht auf die kleinen schwarzen Käfer mit den blauen, schimmernden Bäuchen zu treten, die zu dieser Jahreszeit überall zu sein schienen. Einige lagen auf dem Rücken und strampelten, um wieder auf die Füße zu kommen.

Aber dafür hatte sie jetzt keine Zeit! Sie musste dem Wolf

eine Menge Fragen stellen. Sie schüttelte den Kopf, als wollte sie den Mistkäfern sagen: *Keine Zeit, aber ihr schafft das schon.* Dann rannte sie weiter.

Hustend und keuchend von ihrem Sprint erreichte sie schließlich ihren Lieblingsplatz neben der großen Eiche.

Ein quietschendes Geräusch von oben erregte ihre Aufmerksamkeit. Ein Waschbär spähte aus einem Loch und sah auf sie herunter. Das musste die Waschbärmutter sein, die sich jeden Frühling um ihre süßen kleinen Babys kümmerte. Lily hatte sie schon so oft dabei beobachtet.

»Hallo Mama Waschbär, wie geht es dir heute?«, fragte Lily.

»Gut, danke!«, antwortete die Waschbärin. »Wie war dein erster Schultag?«

»Du kannst auch sprechen?«

»Ja, sicher.« Die Waschbärin sah stolz aus.

»Woher wusstest du von meiner neuen Schule?«

»Jedes Tier in diesem Wald weiß davon, Lily.«

Ein lautes Rascheln im Dickicht riss sie aus ihrem Gespräch. Lily hielt den Atem an, als sie das große Tier bemerkte, welches sich ihr langsam näherte. Sie brauchte eine Weile, bis sie Alo erkannte.

Er blieb direkt vor ihr stehen und setzte sich.

»Ja, Lily, du kannst mit Tieren reden – mit allen Tieren. Du hast dieses Geschenk am Tag deiner Geburt erhalten. Wir haben mit dir gesprochen und du hast zugehört. Aber du warst noch nicht in der Lage zu sprechen, mit uns zu reden und uns zu verstehen. Bis jetzt.«

Seine Stimme beruhigte sie. Nicht nur, weil er wirklich wie ihr Vater klang. Es war, als würde er ein Wiegenlied singen, wenn er sprach. Weich, aber tief und melodisch.

»Bereit zu reden und uns zu verstehen? Was meinst du damit?«, fragte Lily.

»Lass uns spazieren gehen.«

Lily sah auf, um sich von der Waschbärin zu verabschieden, aber die war bereits wieder in ihrer Baumhöhle verschwunden.

Lily und Alo schlenderten zu dem kleinen Fluss, der durch den Wald floss. Sie hielten am Rand an und setzten sich. Hier hatte Lily schon so oft Kaulquappen beobachtet, die wild im Kreis schwammen und Libellen, die anmutig über dem Wasser schwebten.

»Du warst schon immer fähig, den Tieren zuzuhören, aber du konntest unsere Botschaft noch nicht erfassen. Damals warst du zu jung. Jetzt bist du im richtigen Alter, um herauszufinden, wohin dein Herz dich auf deiner Reise führt. Eine Reise, auf der du viele Abenteuer erleben wirst.«

»Wow wirklich? Wohin gehe ich?«

»Es liegt alles in deinem Herzen, Lily. Dein Herz wird entscheiden, welche Abenteuer du erleben wirst. Hör auf den Klang des Waldes.« Alo spitzte die Ohren. »Was hörst du?«

»Vogelzwitschern«, lächelte Lily.

»Setz dich, schließe deine Augen und lausche noch einmal.«

Lily setzte sich wieder, holte tief Luft und schloss die Augen.

Nach ein paar Minuten sah sie ein schwaches Bild in ihrem Kopf. Sie konnte es nicht erkennen. Mit jeder Sekunde wurde es klarer und klarer. »Huch!« Lily zuckte zusammen, als sie ein Bild ihres jüngeren Ich sah. Es saß genau an derselben Stelle, wie sie jetzt.

Die kleine Lily sah auf und lächelte Lily an. Dann wandte sie sich wieder den Kaulquappen und Libellen zu, ohne sich um die restliche Welt zu kümmern. Es war Frühling.

»Platsch!« Ein Geräusch erregte plötzlich ihre Aufmerksamkeit. Es klang wie ein kleiner Stein, der ins Wasser gefallen war. Ihr jüngeres Ich musste es auch gehört haben, denn die kleine Lily stand auf und ging an die flache Stelle des Flusses, wo seine sanften Wellen ihren Ursprung hatten. Unter der Wasseroberfläche schimmerte etwas. Sie bückte sich und fischte einen glänzenden Gegenstand heraus.

Was war das? Lily ging näher ran, konnte es aber nicht

genau erkennen. Sie sah nur, wie die kleine Lily es in ihre Tasche steckte und zurück ans Ufer ging.

Ihre Vision verblasste auf einmal.

»Was hat sie – ähm, was habe ich in meine Tasche gesteckt?« Lily ging zurück zu Alo.

»Das war eine Münze, eine magische Münze, eine Orientierungshilfe. Die Person, der sie gehört, kann alle magischen und im Dunkel verborgenen Geheimnisse enthüllen, all die in diesem wunderschönen Wald lebende Inspiration zum Klingen bringen. Du Lily, bist diese Person.«

»Ich erinnere mich an diese Münze. Ich habe sie in meine Schmuckschatulle gelegt, aber seit diesem Tag nicht mehr an sie gedacht.« Lily setzte sich erstaunt auf.

»Nun ist es Zeit, sich damit zu beschäftigen. Mit dieser Münze kannst du die Dunkelheit erkennen, die über diesem Wald und der ganzen Welt liegt. Du wirst damit auch herausfinden, wie du sie vertreiben kannst. Ich werde dir beibringen, wie man ihre Zeichen liest. Aber es liegt an dir, ihnen zu folgen.«

»Wie soll ich sie lesen? Worüber redest du? Man kann keine Münze lesen.«

»Natürlich kannst du das. Diese Münze kann dir vieles zeigen.«

»Hhmm, okay, was auch immer du sagst. Ich bin jetzt an einem Punkt, an dem ich alles glaube.« Sie wandte sich an Alo. »Letzte Nacht sagtest du etwas wie: ›sie zu heilen‹. Lily erinnerte sich daran, was sie Alo eigentlich schon früher fragen wollte. »Was genau hast du damit gemeint?«

»Vor Tausenden von Jahren war die Erde im Gleichgewicht. Unsere Mutter gedieh zusammen mit jeder Pflanze und jedem anderen Lebewesen. Sie kümmerte sich um uns. Natur und Menschen lebten in perfekter Harmonie. Die Menschen jagten natürlich und instinktiv wie eine Wolfsfamilie. Sie nahmen nur das, was sie zu dieser Zeit brauchten, und jedes einzelne Wesen hatte eine bestimmte Aufgabe in diesem Kreislauf. Sie konnten nur zusammen überleben.

Aber nach einiger Zeit wurden die Menschen maßlos und glaubten, der Natur überlegen zu sein. Sie begannen aus Spaß zu jagen und nannten es Sport. Sie fingen Tiere ein und steckten sie in kleine Käfige, um sie zu Hause anzustarren. Oder sie brachten sie in ihre Häuser und Gebäude, um sie dort als Arbeitskraft oder Nahrungsmittel auszubeuten. Viele weitere wurden zur Unterhaltung und für Experimente missbraucht. Sie rissen Familien auseinander, trennten Neugeborene von ihren Müttern.

Aber all dies Leid betrifft nicht nur die Tiere. Auch Pflanzen, Wälder, Wüsten, Ozeane und Polarregionen sind betroffen. Das ist heute unsere Realität. Das ist unser Planet Erde, wie wir ihn jetzt kennen.«

Lily spürte Tränen in ihren Augen. Sie senkte den Blick. Ihre Hände zitterten. »Ich weiß, manche Menschen können sehr grausam zu Tieren und unserer Umwelt sein.«

»Mutter kümmert sich um uns. Sie steigt auf, um uns alle zu beschützen, und über uns zu wachen.« Alo senkte seinen Kopf. »Aber sie kann nicht mehr aufsteigen, weil sie krank ist. Jedes Mal, wenn eine menschliche Hand einem Tier schadet, verliert sie eine Feder ihrer Schwingen. Wenn ein Tier gerettet wird, wächst eine neue Feder nach. Früher gab es ein Gleichgewicht, aber jetzt werden mehr Tiere verletzt als gerettet. Sie muss so viele Federn lassen. Vielmehr als nachwachsen können.

Bald wird sie nicht mehr in der Lage sein, uns zu beschützen. Die Pflanzen- und Tierwelt, wie wir sie kennen, wird ohne unsere heilige Mutter zerstört. Wir werden alle sterben, auch die Menschen. Ohne sie gibt es kein Wasser zum Trinken, keine Luft zum Atmen und keine Form von Leben.

Mutter hat große Schmerzen und braucht unsere Hilfe. Sie

braucht deine Hilfe, Lily. Du kannst uns verstehen, hast das Mitgefühl und die Kraft, uns zu helfen.«

»Ich? Ich bin nur ein kleines Mädchen. Wie soll ich die Macht haben, deine Mutter zu retten? Wo ist sie überhaupt? Wie kann ein Wolf Flügel haben? Das ist alles sehr verwirrend für mich!«

5

MUTTER NATUR IST WIRKLICHKEIT

»Sie ist die Mutter aller lebenden Organismen, sie hat mich nicht geboren«, lachte Alo. »Sie ist diejenige, die uns alle beschützt, auch dich. Sie ist Mutter Natur.«

»Was? Mutter Natur existiert wirklich?« Lily sah in der Hoffnung auf, sie oben fliegen zu sehen.

»Ja, natürlich ist sie Wirklichkeit.«

»Ich weiß allerdings nicht, wie ich jemanden retten kann. Besonders nicht Mutter Natur. Ich bin erst zehn Jahre alt.« Lily senkte wieder den Kopf.

»Und ich bin nur fünf. Was willst du damit sagen?« Alo verdrehte die Augen.

Sie sah ihn an und lächelte. »Aber wie kann ich ihr helfen?«

»Das müssen wir gemeinsam herausfinden. Bist du bereit, ihr zu helfen?«, fragte Alo mit großen Wolfswelpenaugen.

Lily zuckte mit den Schultern. »Ich denke, ich kann es versuchen. Das Letzte, was ich will, ist, dass sie stirbt. Das wäre schrecklich.«

»Die Münze zeigt uns den richtigen Weg, um die Harmonie zwischen den Menschen und der Natur wiederherzustellen«, sagte Alo. »Aber sie kann es dir nur zeigen, wenn du ihr das Wichtigste gibst, was sie braucht. Deine Zeit!«

»Was meinst du damit: ›Harmonie wiederherstellen‹?« Lily neigte den Kopf zur Seite.

»Wenn die Menschen Mutter Natur respektieren und alles, was sie ausmacht, werden sie im Reinen mit sich und der Welt sein. Wenn sie ihren Frieden mit sich gemacht haben, können sie auch den Frieden mit allen anderen finden. Und wenn Harmonie und Gleichgewicht in jeder menschlichen Seele eingezogen sind, wird Weltfrieden herrschen.

Wenn du dem Weg folgst, den die Münze dir zeigt, können viele Tiere gerettet und Mutter Natur geheilt werden. Das Retten von Tieren ist nur der Anfang, um unserer Welt Frieden, Harmonie und Gleichgewicht zu bringen. Es wird viel Zeit, Arbeit und dein in dir angelegtes Mitgefühl erfordern. Ich habe volles Vertrauen zu dir, Lily. Das haben wir alle.

Du musst wissen: Du bist nicht alleine. Ich bin hier, um dir alle Fragen zu beantworten und dich zu begleiten. Du hast sehr viele Freunde in diesem Wald und sie werden alle kommen, wenn du sie rufst. Wir sind alle hier, um dir zu helfen.«

Lily hörte zu, schüttelte die ganze Zeit den Kopf und traute ihren eigenen Ohren nicht.

Ich kann es kaum erwarten, das Eva und Till zu erzählen! Sie werden ausflippen! Oder werden sie...? Sie denken jetzt schon, dass ich verrückt bin, weil ich alleine in den Wald gehe. Was ist, wenn sie mich auslachen und sagen, ich träume oder so? Hhmm, vielleicht schweige ich besser.

Ihr Telefon piepste und riss sie aus ihren Gedanken.

»Es ist spät, geh nach Hause zu deinen Eltern. Wir werden uns sehr bald wiedersehen.« Alo neigte den Kopf und trottete davon.

Aus der Ferne hörte Lily ein Heulen. Sie hob den Kopf und heulte zurück, überrascht, dass sie ein so kraftvolles Geräusch machen konnte. Ihr breites Lächeln strahlte in den Himmel. Die Sonne ging unter.

Sie atmete tief ein, schloss die Augen und lauschte aufmerksam der Stille des Waldes.

Die kleinen Härchen auf ihren Armen standen aufrecht, als eine kühle Brise über ihren Körper wehte.

Sie bewegte sich ein wenig, damit ihr wieder wärmer würde. Aber auch diese Wärme half nichts gegen das Frösteln, das diese neue mysteriöse Herausforderung bei ihr auslöste.

Mutter Natur retten ja genau! Guter Witz!

Doch sie wusste es leider besser. Das war kein Scherz. Das war Realität!

Als sie über die kleine Lichtung ging, die auf ihrem Weg lag, hörte sie das Krächzen eines Raben. Das war im verzauberten Reinhardswald nichts Ungewöhnliches, aber er war näher als gewohnt. Der Rabe flog nur wenige Meter über ihrem Kopf hinweg, umkreiste sie und krächzte dabei ein paar Mal. »Ruf mich, ruf mich ... Ruf mich, ruf mich.«

Er stürzte sich nach unten und flog direkt an Lilys Kopf vorbei. Sie duckte sich. Als der Rabe seinen Sturzflug wiederholte, flüsterte sie: »Ruf mich, wenn du Hilfe brauchst. Ruf mich.«

Bevor Lily die Lichtung verließ, krächzte sie noch mal, um

zu sehen, ob sie auch diese Laute nachahmen konnte. Sie konnte es.

Lily kuschelte mit ihrer Mutter auf dem Sofa. »Mama, musstest du jemals jemandem helfen, der in Gefahr war?«

»Was für eine Gefahr? Lily, was ist los?«

»Oh nein, nicht, was du denkst.« Lily hielt inne, um zu überlegen. »Ich habe neulich im Fernsehen etwas über Sozialarbeiter gesehen, die Teenagern auf der Straße helfen. Dort draußen kann es doch ziemlich gefährlich werden, nicht wahr?«, sagte Lily und war stolz auf ihre schnelle Ausrede.

»Das ist richtig. Sozialarbeiter haben einen sehr wichtigen und erfüllenden Job. Ich kann nicht sagen, ob ich das selbst machen könnte, aber ich bewundere wirklich diejenigen, die es können. Um deine Frage zu beantworten: Ja, ich habe einigen gefährdeten Personen geholfen. Nicht in lebensbedrohlichen, aber in anderen ernsten Situationen, die etwas zu kompliziert sind, um sie jetzt zu besprechen.«

»Woher wusstest du, dass du das Richtige getan hast, Mama?«

»Weil ich gesehen habe, wie glücklich sie waren, nachdem ich ihnen geholfen hatte. Und ich weiß, wenn ich jemals in Gefahr wäre, würden sie mir auch helfen wollen. Außerdem bin ich mir sicher, dass du und Papa die ersten Menschen an meiner Seite wären. Ich denke tatsächlich, du würdest einen großartigen Job als Sozialarbeiterin machen.«

Lily fühlte einen Strom von positiver Energie durch ihren ganzen Körper fließen. Sie lächelte und umarmte ihre Mutter noch fester. Die verstand es immer, ihr ein gutes Gefühl zu vermitteln, auch wenn sie das selber wahrscheinlich gar nicht merkte.

Lily hielt sich weiter an ihrer Mutter fest und summte zur

Musik, die im Hintergrund lief. Ihr Vater hörte seinen Lieblingsrocksender im Radio. Lily bevorzugte Pop und die Charts, aber wenn sie die Musik ihres Vaters hörte, fühlte sie sich trotzdem wohl.

Ihr Vater sang und summte beim Lesen der Zeitung. *Wie konnte er die Zeitung lesen und gleichzeitig singen?* Sie liebte das manchmal mehr als die Musik selbst.

»Okay, Kürbis! Zeit fürs Bett«, sagte Lilys Vater.

»Oh, alles klar. Aber es ist doch noch früh«, jammerte Lily.

»Es ist 20:00 Uhr. Schlafenszeit.«

Lily verließ die warme, kuschelige Stelle neben ihrer Mutter und ging nach oben, um sich fürs Bett fertig zu machen.

Nachdem sie ungefähr zwanzig Minuten lang herumgetrödelt hatte, rief sie ihren Eltern über die Treppe zu: »Ich bin jetzt im Bett, deckt mich zu.«

»Danke, Mama«, sagte Lily, als sie in ihr Zimmer kamen.

»Für was?«

»Weil du bist, wie du bist. Und du auch, Papa. Du rockst!«

»Nein, DU rockst!«

»Das könnten wir die ganze Nacht so machen, Papa«, scherzte Lily.

»Wir lieben dich auch, Schatz«, sagte ihre Mutter und gab Lily einen Kuss auf die Stirn.

Nachdem sie gegangen waren, lag Lily im Bett und dachte über ihre neue schwierige Aufgabe nach.

Und dann erinnerte sie sich. Die Münze! Sie sprang auf, machte das Licht an und sah in ihre Schmuckschatulle. Dort lag sie immer noch glänzend zwischen den Ohrringen. Sie war so groß wie ein Zweieurostück: Gold auf der einen Seite, und auf der anderen hatte sie ein silbernes Mittelstück.

Auf der goldenen Seite sah sie einen Farnabdruck mit der Aufschrift: ›Die Natur heilt‹. Auf der silbernen Seite war eine Abbildung zu sehen, die einem Engel ähnelte, der in einem

Wald stand. Darüber standen die Worte: ›Beschütze unsere Mutter‹.

Das muss Mutter Natur sein. Wow, sie ist wunderschön. Lily steckte die Münze in eine kleine lila Samtschmucktasche und versteckte sie sicher in der obersten Schublade ihres Nachttisches.

Als sie zurück unter die Decke kroch, piepste ihr Telefon. Es war Eva.

»Hey, was machst du? Meine Mutter arbeitet in der Nachtschicht, also bin ich wieder ganz alleine hier. Nicht, dass ich Angst hätte oder so. Es ist nur ein bisschen unheimlich, und es fällt mir schwer, einzuschlafen.«

»Willst du hier schlafen?«

»Nein, ich bin schon im Bett. Ich wollte nur ein bisschen mit dir chatten. Ich dachte, es würde mir beim Einschlafen helfen.«

Keine fünf Minuten später schrieb Eva Lily erneut eine SMS. »Hast du das gehört? Das klang ja wie ein Wolf, und als wäre der direkt in meinem Garten! Ich habe jetzt doch ein bisschen Angst. Kann ich rüberkommen?«

»Sicher, ich werde meine Mutter fragen, ob sie dich abholen kann. Mach deine Sachen fertig.«

Lily hatte auch den Ruf des Wolfes gehört, lächelte aber, da sie genau wusste, wer es war.

Sie ging nach unten und fragte ihre Mutter, die in ihrem Schaukelstuhl saß und ein Buch las.

»Oh, arme Eva. Okay, ich werde ihrer Mutter eine SMS schreiben und sie dann abholen.«

Lily wartete bei offener Tür, als ihre Mutter in die Einfahrt einbog.

»Danke«, sagte Eva, als sie ihre Reisetasche zum Haus trug.

»Eva, du weißt, dass du in unserem Haus immer willkommen bist und dass deine Mutter alles macht, was sie kann, oder? Ich wünschte, ich könnte euch mehr helfen«, sagte Lilys Mutter.

»Du hilfst uns sehr. Ich wünschte, ich könnte zu Hause bleiben, wenn Mama in der Nachtschicht ist. Sie ist bereits deprimiert über ihre Scheidung. Deshalb möchte ich nicht, dass sie sich noch schlechter oder schuldig fühlt. Aber wenn ich versuche einzuschlafen, bekomme ich manchmal solche Angst. Hast du diesen Wolf jaulen hören? Er war so laut, dass ich ihn sogar bei geschlossenem Fenster hören konnte.«

»Ich habe etwas gehört, konnte aber nicht wirklich einordnen, was es war. Es gibt einige Wölfe in dieser Gegend, und manchmal, wenn der Wind richtig steht, kann ich mehr als einen hören. Ich finde sie faszinierend und bin froh, dass sie wieder zurück sind«, sagte Lilys Mutter.

»Ich auch!«, sagte Lily und dachte an Alo.

»Ja, ich bin froh, dass sie zurückgekommen sind. Aber ich würde nie einen von Angesicht zu Angesicht treffen wollen«, antwortete Eva.

»Nun, hier gibt es keine bösen Wölfe«, Lily grinste.

»Gute Nacht, Lily. Gute Nacht, Eva«, sagte ihre Mutter und führte die Mädchen nach oben.

»Du bist die beste Freundin, die man haben kann«, flüsterte Eva Lily zu, als sie die Treppe hinaufgingen.

»Du bist auch meine beste Freundin, Eva.«

Sie sprachen noch ein paar Minuten über ihren ersten Schultag und schliefen schließlich erschöpft ein.

6

DER GANZ NORMALE SCHULWAHNSINN

Am nächsten Morgen trafen Lily und Eva Till an der Bushaltestelle. Sie waren während des größten Teils der Busfahrt ruhig und gähnten, während Till über sein Fußballtraining sprach.

»Was? Ich habe den Ball volley mit einem Fallrückzieher ins Tor geschossen, ernsthaft!«, sagte Till und reagierte damit auf Lilys Kopfschütteln.

»Oh, Till, ich glaube dir. Es tut mir leid. Ich habe nur gerade an etwas anderes gedacht.«

Lily war noch immer müde, als sie die Schule erreichten.

Beim Aussteigen stolperte sie auf den Stufen der Bustür und stieß gegen das Mädchen vor ihr. Beide landeten unsanft auf dem Boden.

Während sie sich aufrappelten und ihre Sachen abklopften, entschuldigte sich Lily ausgiebig. Erst dann sahen sie sich an.

Nicht die, bitte!

»Oh, natürlich du schon wieder. Du ungeschicktes Ding

solltest dich besser von mir fernhalten, sonst ...«, höhnte Viktoria und schlenderte davon.

Lily drehte sich um und sah, wie Till versuchte, den Bus schnell zu verlassen. Er hatte sie bestimmt fallen sehen.

Wie peinlich!

»Bist du in Ordnung?«, fragte Marc mit einem entsetzten Gesichtsausdruck, als er auf Lily zulief.

»Ja. Ich bin so ungeschickt. Ich kann gar nicht glauben, dass ich das jetzt schon das zweite Mal gemacht habe!«

»Meine Güte, Lily! Was war das denn?« Till erschien an ihrer Seite. »Ich habe euch am Boden liegen sehen. Was ist passiert?«

»Oh, es war nichts. Aber ich sollte von jetzt an supervorsichtig sein«, sagte Lily.

»Wenn du Probleme mit ihr hast, lass es mich wissen, okay?«, sagte Till. »Ich muss mich beeilen. Bis später.«

»Da ist sie, Frau Dämlich-Und-Ungeschickt. Mal sehen, ob sie es wagt, mich noch einmal zu schubsen«, sagte Viktoria zu ihren Freunden, als sie vorbeigingen.

Lily sah Marc an und biss die Zähne zusammen.

»Komm schon, lass uns in unser Klassenzimmer gehen.« Er schlang seinen Arm um Lily und begleitete sie über den Flur.

Sich auf die Schule zu konzentrieren, war an diesem Tag besonders schwierig. Lilys Gedanken kreisten um Viktoria, ihre Ungeschicklichkeit, ihr Mitgefühl für Eva und um ihre neue Gabe, mit Tieren sprechen zu können. Nicht zuletzt natürlich auch um ihren neuen Freund Alo.

Ich will eigentlich nur nach Hause. Sie wollte mehr über Mutter Natur wissen, aber es war noch nicht soweit. Sie musste erst mittagessen, und dann hatte sie zwei weitere Schulstunden vor sich.

Als ihr Matheunterricht zu Ende war, packten Lily und Eva ihre Sachen und gingen in Richtung Cafeteria, um Till zu treffen. Auf dem Weg zu ihrem Tisch stieß jemand Lily so stark, dass sie samt ihrem Tablet zu Boden fiel. Als sie hochschaute, hörte sie nur:

»Pass besser auf, wohin du gehst, Kleine.« Viktoria stolzierte hochnäsig davon.

»Oh, Lily, lass mich dir helfen«, sagte Eva.

Till kam ebenfalls zur Hilfe. Er hob das heruntergefallene Essen auf und brachte das Tablett zur Spülküche.

»Wir haben genug zu essen für uns drei. Nimm einfach, was du willst.«

»Sie hasst mich jetzt schon, und es ist erst der zweite Schultag. Ach, was soll ich bloß machen, Till?«, weinte Lily.

»Lily, du bist stark. Und wir sind ja auch noch da. Aber ich würde vorschlagen, in Zukunft etwas weniger ungeschickt zu sein. Das würde sicherlich helfen.« Till hob eine Augenbraue und lächelte sie verschmitzt an.

»Ja, ich denke, das würde helfen«, gab Lily zu.

»Wir sind immer für dich da«, sagte Eva.

»Danke, ihr zwei seid die Besten!«

»Mach dir keine Sorgen. Sie mag gemein zu dir sein, wird dich aber sicherlich nicht umbringen«, sagte Till.

»Nun, zumindest muss ich mir dann noch keine Gedanken machen, was auf meinem Grabstein stehen soll«, scherzte Lily mit einem nervösen Lächeln.

Auf dem Rückweg vom Mittagessen gingen Viktoria und ihre Freunde an Lily vorbei, ignorierten sie aber. *Puh.*

Sie verbrachten die letzten anderthalb Stunden des Schultages im Kunstunterricht, den Lily liebte. Sie konnte ziemlich gut zeichnen; nicht so gut wie Eva, aber gut genug. Und an diesem Tag zeichnete sie einen Wolf.

»Sehr beeindruckend«, sagte Lilys Kunstlehrerin, als sie ihr über die Schulter sah.

Dann erlöste sie endlich das Läuten der Schulglocke.

Lily und Eva packten ihre Taschen und gingen zur Bushaltestelle.

Auf dem Weg bemerkte Lily eine kleine grüne Heuschrecke. Sie bückte sich, um sie sich genauer anzusehen.

»Zirp, Zirp, Zirpe di ziee.«

»Ähm, Lily, was machst du? Es hört sich so an, als würdest du mit deinen Zähnen knirschen oder so was. Was ist bloß los mit dir?«, Eva starrte sie entgeistert an.

Lily bemerkte, dass sie gerade die Heuschrecke gefragt hatte, ob alles in Ordnung sei oder ob sie sie in Sicherheit bringen solle. »Oh, ähm ... Ich übe gerade die Geräusche, die die Heuschrecken machen. Neulich habe ich ein Video von einem Typen gesehen, der alle möglichen Tiergeräusche nachmachen kann. Das fand ich echt lustig. Willst du die Geräusche eines Marienkäfers mal hören?«

»Äh, nein, mir gehts auch so gut. Trotzdem vielen Dank«, kicherte Eva. »Hey, ich glaube nicht, dass wir uns dieses Wochenende sehen können. Ich möchte Zeit mit meiner Mutter verbringen. Morgen wäre ihr Hochzeitstag gewesen. Sie soll nicht über diese dumme Scheidung nachdenken und traurig sein.«

»Oh, es tut mir leid. Aber klar, kein Problem. Ich habe sowieso keine Ahnung, was wir geplant haben.« Lily hoffte, dass ihre Eltern nichts geplant hatten. Sie wollte einfach nur Zeit mit ihren neuen Freunden im Wald verbringen.

An der Bushaltestelle verabschiedete sich Lily von Eva und lief nach Hause.

Ihre Eltern waren beide noch Arbeiten, also konnte Lily machen, was sie wollte.

»Es tut mir leid, Ralph, aber ich muss mich mit Alo treffen. Ich bin bald zurück.« Lily blieb eine Minute stehen, um ihm den Hals zu kraulen. Er mochte das sehr. Dann griff sie nach dem Beutel mit der Münze und rannte nach unten. Ab durch die Tür und rein in den Wald.

Als Lily an der großen Eiche ankam, schloss sie die Augen, sah auf und heulte: »Aaaaaloooooooo, wo bist du?«

Sie blickte sich um, sah aber nur die Armee hoher Fichten in diesem Teil des Reinhardswalds, dem Herz der Gebrüder-Grimm-Märchenstraße.

Lily liebte es, genau hier zu leben. Ihr Haus war nicht weit von Kassel entfernt, in der Nähe des Bergparks Wilhelmshöhe, der zum UNESCO-Weltkulturerbe gehörte. Noch interessanter fand sie es aber, ganz in der Nähe des Dornröschenschlosses Sababurg und dessen Tierparks zu leben. Das riesige Tierschutzgebiet beherbergte viele unglaubliche Tiere und sogar eine wunderschöne Wolfsfamilie.

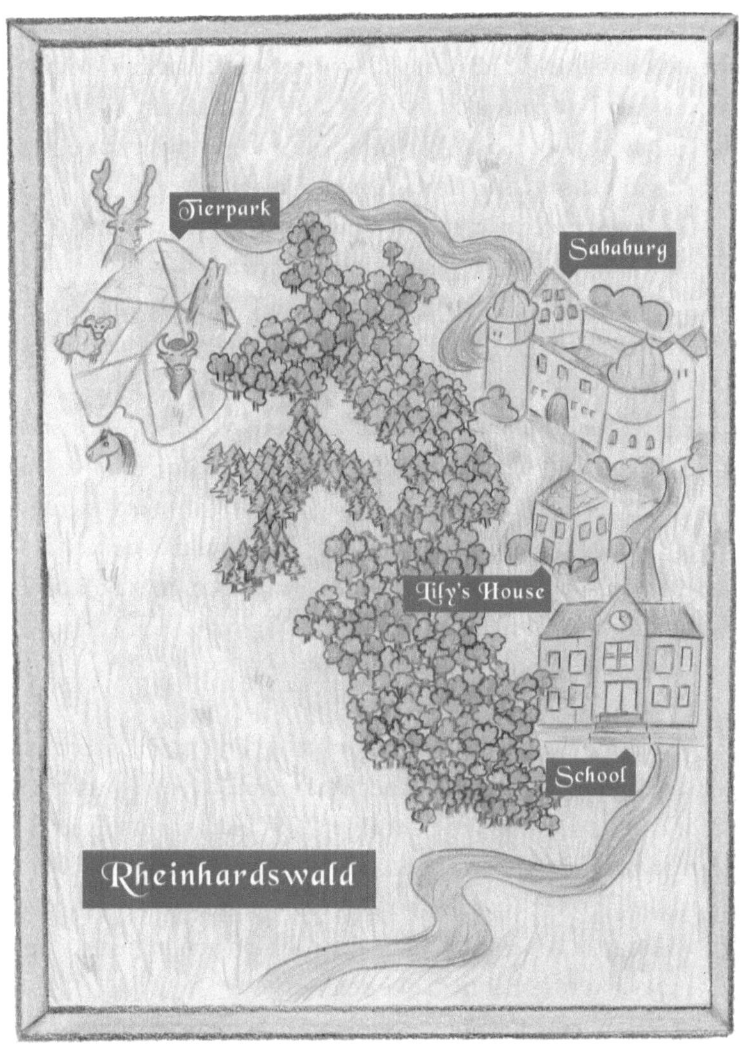

Ich frage mich, ob sie Alo und seine Familie kennen.

Lily dachte plötzlich an den ›großen bösen Wolf‹ aus Rotkäppchen, eines ihrer Lieblingsmärchen. Die Eltern lasen ihr oft die Originalversionen der Brüder Grimm auf Deutsch oder Englisch vor. Ihre Mutter las immer auf Deutsch und ihr Vater auf Englisch.

Die Grimms hatten außerdem nie etwas beschönigt. Das

mochte Lily wirklich. Sie wollte die Wahrheit wissen, egal wie schmerzhaft diese auch war. Aber was sie nicht leiden konnte, war, als der Jäger den Bauch des Wolfes mit Steinen füllte und der daran sterben musste. Er brauchte doch einfach nur Futter.

Das ist so traurig. Wölfe müssen auch essen!

Sie wusste schon, dass das eine traditionelle Geschichte war, um Kindern beizubringen, nicht mit Fremden zu sprechen. Und sie hatte eigentlich nichts mit Wölfen zu tun. Aber trotzdem war es irgendwie gemein und nicht richtig, Wölfe so darzustellen.

Ein leises Rascheln trockener Blätter lenkte ihre Aufmerksamkeit von dem Märchen ab. Lily drehte sich aufgeregt um. Es war nur ein Vogel, der auf dem Boden nach Würmern suchte. Als sie wieder aufblickte, sah sie Alos Kopf auf der kleinen Lichtung auftauchen. Er kam näher und näher, ganz nah an ihr Gesicht und schnüffelte an ihrem Mund. »Whoa, ich dachte, du würdest mich abschlecken«, sagte Lily.

»So begrüßen wir andere«, sagte er.

»Nun, ich denke, es ist besser, als am Hinterteil zu riechen, so wie Hunde das machen. Aber beim nächsten Mal werde ich dafür sorgen, dass meine Zähne geputzt sind«, sagte Lily und hielt ihre Hand vor den Mund. Sie hatte zum Mittagessen Spaghetti mit Knoblauch und Zwiebeln gegessen.

»Bitte tu das nicht! Ich liebe den Geruch von italienischem Essen! Wie war es heute in der Schule?«

»Okay, glaube ich. Ich habe ein paar Fehler gemacht und muss jetzt dafür bezahlen«, antwortete Lily. Sie dachte an Viktoria.

»Es gibt nur eine Möglichkeit, mit Mobbern umzugehen. Weißt du wie?«, fragte Alo.

»Woher weißt du, dass ich über einen Mobber in der Schule gesprochen habe? Du kannst meine Gedanken nicht lesen, oder doch?«

»Ja, ich kann. Bei Vollmond kann ich deine Gedanken lesen.«

»Das muss ich mir merken! Also, was sollte ich tun, was denkst du?«, Lily war jetzt ganz neugierig.

»Leg mir eine Leine an, und ich werde es ihr zeigen.« Alo ließ seine Zähne aufblitzen und knurrte wild. Schaumiger Sabber bildete sich um seine Mundwinkel.

Erschrocken wich Lily zurück und erstarrte. Gedanken an ihren ersten Albtraum flammten in ihrem Kopf auf. Die Hitze der Angst verteilte sich im ganzen Körper.

Alo hörte sofort auf und setzte sich. »Entschuldigung, ich wollte dich nicht erschrecken!«

Erleichtert holte Lily tief Luft. »Ich wünschte, ich könnte dich mit zur Schule nehmen. Aber das geht leider nicht!«

Lily nahm die Münze aus ihrer Tasche. »Du hast mir gesagt, du würdest mir beibringen, wie man sie liest.«

Alo musterte das glänzende Stück auf ihrer Handfläche. »Ah, ja. Aber ich sehe noch keine Veränderung.«

»Wann wird sich was verändern?«

»Wenn du dich auf die Münze konzentrierst, erwacht sie. Sobald Mutter Natur deine Hilfe braucht, wird sie sich verändern und dir den richtigen Weg zeigen.«

7

GESPRENGTE KETTEN

Alo schloss die Augen, richtete seine Nase zum Himmel und stieß ein lautes, tiefes Heulen aus. Im selben Augenblick verstummte das Zwitschern der Vögel. Auch die Bäume schüttelten ihre Blätter nicht mehr. Totenstille lag in der Luft, bis Alo erneut heulte.

Der Wind begann sich um sie herum zu drehen, erst um Lilys Füße, dann um ihren ganzen Körper. Er zog ihr braunes, langes, dichtes Haar über ihren Kopf, als winkte jedes einzelne Haar dem Himmel zu. Die Bäume schüttelten wieder ihre Zweige und das Herbstlaub tanzte im Kreis um die Baumwipfel.

Ein helles Licht strahlte Lily an wie ein Scheinwerfer. Sie musste ihre Augen mit den Händen schützen. Das Licht erwärmte ihre Hände und ihr Gesicht. Sie versuchte, durch die Ritzen zu schauen, die ihre Finger freiließen, konnte aber seltsamerweise nichts anderes sehen als das blendende helle Licht.

»Autsch!« Sie ließ die Münze fallen. »Sie hat meine Hand verbrannt!« Lily blickte auf die rot leuchtende Münze am Boden.

»Nicht anfassen!« Alo rannte zum Fluss, nahm einen kräftigen Schluck Wasser und kam dann wieder zurück. Er ließ das Wasser auf die Münze tropfen. Zisch! Das Wasser verdampfte in der Luft, und die Münze nahm wieder ihre normale Farbe an.

Lily hob sie vorsichtig auf und sah auf die goldene Seite. Sie zeigte nicht mehr den Farn. Stattdessen konnte man eine Kette erkennen und den Satz ›Alle Ketten brechen‹. Auf der silbernen Seite befand sich ein kleines Skelett in einem Käfig. Darunter stand: ›Schönheit kennt keine Grenzen‹.

Sie zeigte die Münze Alo. Der setzte sich bedächtig, schloss die Augen und senkte den Kopf. Sie hätte ihn fragen können, was los war, aber ihr Instinkt hielt sie zurück. Er sah so friedlich aus, dass sie ihn auf keinen Fall stören wollte.

»Lily«, sagte Alo schließlich. »Was weißt du über das menschliche Gesicht?«

»Nun, ich werde wahrscheinlich bald Pickel bekommen«, sagte Lily. »Meine Mutter beschwert sich darüber, dass Stress nicht gut für ihre Haut im Gesicht ist. Aber das verstehe ich nicht so recht. Oh, und ich weiß, dass ich mit zunehmendem Alter Falten bekommen werde. Meine Oma sagt mir, ich solle stolz auf jede von ihnen sein. Wenn ich dann in ihrem Alter bin, bedeuten die Falten, dass ich weise bin. Ich weiß außerdem, dass ich mehrere Hautschichten habe und dass zu viel Sonne schädlich ist. Deshalb soll ich auch Sonnencreme auf meinen ganzen Körper auftragen.«

Sie machte eine Pause. »Warum fragst du?«

»Weißt du, dass Menschen Produkte herstellen, die ihnen helfen, jung und schön auszusehen?«, fragte Alo.

»Meine Mutter cremt sich zweimal am Tag das Gesicht ein, aber ich glaube nicht, dass sie dadurch jünger oder schöner aussieht. Sie sieht für mich immer noch genauso aus. Sie benutzt auch Make-up, wenn sie abends ausgeht.«

»Weißt du denn, wie diese Produkte hergestellt werden?«, fragte Alo.

»Redest du über Kosmetik? Ich weiß, welche es gibt, aber ich weiß nicht, wie sie hergestellt werden.«

»Sie werden aus vielen verschiedenen Zutaten hergestellt«, sagte Alo. »Manche sind gut für die Haut, andere nicht. Bevor ein Produkt an Menschen verkauft werden darf, muss es getestet werden. Einige Produkte werden an Tieren getestet, um festzustellen, ob sie sich negativ auswirken.«

»Negativ auswirken? Was bedeutet das?«, fragte Lily.

»Ich spreche von Nebenwirkungen. Wenn du eine Feuchtigkeitscreme auf dein Gesicht aufträgst und nach einigen Tagen einen Hautausschlag bekommst oder ein paar Pickelchen, hat deine Haut auf irgendwas in der Creme reagiert. Du solltest also dieses Produkt nur noch nehmen, wenn du Hautausschläge und Pickel magst«, sagte Alo.

Lily schüttelte den Kopf.

»Unternehmen, die solche Produkte verkaufen, müssen

sicherstellen, dass sie keine schädlichen Nebenwirkungen verursachen. Da alle Menschen aber so unterschiedlich sind, ist das nicht so leicht. Was dem einen nicht schadet, kann bei einem anderen doch schädlich sein. Deshalb müssen sie sehr viele Tests durchführen. Einige Unternehmen testen ihre Produkte an Tieren. Nicht selten werden die Tiere dabei verletzt oder müssen leiden.«

»Das scheint nicht fair zu sein. Haben sie dich jemals getestet?«, fragte Lily.

»Nein, ich bin zu stark und gefährlich. Sie testen an schwächeren, harmloseren Tieren. Man nennt sie Labortiere. Sie werden entweder in der Wildnis oder auf der Straße gefangen und dann in kleine Käfige gesteckt, um dort den Rest ihres Lebens zu verbringen. Viele werden sogar in Käfigen geboren, weil es für Menschen billiger und weniger zeitaufwendig ist, sie zu züchten, als sie zu fangen. Laborexperimente werden normalerweise mit Ratten, Mäusen, Kaninchen, Affen, Katzen und Hunden gemacht.«

»Katzen und Hunde auch?« Lilys Augen weiteten sich vor Schreck.

»Jeden Tag werden diese Tiere auf unnatürliche Weise benutzt und manchmal halb tot in ihre Käfige zurückgesteckt, um sich dann für den nächsten Tag der Folter auszuruhen. Einige Unternehmen testen nicht mehr an Tieren, viele jedoch immer noch. Tierversuche werden nicht nur in der Kosmetikindustrie durchgeführt, sondern auch in allen medizinischen Bereichen. Die Inhaltsstoffe der meisten, wenn nicht aller Arzneimittel, wurden an Tieren getestet.«

»Die Münze zeigte dir eine Nachricht von Mutter Natur«, fuhr Alo fort. »Sie bittet um deine Hilfe.«

»Will sie, dass ich Labortieren helfe?«, fragte Lily. »Wie denn?«

»Die Münze zeigt dir wie. Geh jetzt nach Hause, und schau

sie dir genau an. Morgen treffen wir uns wieder hier.« Alo drehte sich um und verschwand zwischen den Bäumen.

Auf dem Heimweg konnte Lily ihre schweren Beine kaum tragen. Tränen brannten in ihren Augen. Noch nie hatte sie so viel Leid gespürt. Nicht einmal als ihre Oma starb, weil das natürlich schien. Ihre Oma war alt gewesen, und ihre Mutter hatte bei der Beerdigung gesagt: »Es war Zeit, für sie zu gehen.« Ihre Situation jetzt fühlte sich jedoch anders an. Das war überhaupt nicht natürlich oder normal, sondern fühlte sich traumatisch an und überwältigend. Sie war vorher noch nie gebeten worden, jemanden zu retten. Schließlich war sie keine Superheldin. Sie war nur ein kleines Mädchen, das nicht wirklich wusste, wie man so etwas macht.

Benommen vom Schmerz sank sie zu Boden und weinte.

Mit hängendem Kopf saß sie dort und starrte auf die Erde. Da erregten ein paar Ameisen ihre Aufmerksamkeit.

Immer mehr Ameisen kamen und bildeten einen Kreis um Lily. Hunderte von ihnen marschierten gemeinsam, als hätten sie diesen Moment in den letzten Wochen jeden Tag einstudiert.

Lily beugte sich zu ihnen herunter und fragte, was sie dort machen würden. Eine Ameise ging auf sie zu und stellte sich auf ihre Hinterbeine.

»Wir möchten uns bei dir dafür bedanken, dass du uns helfen wirst.«

»Aber ich weiß nicht einmal, wie ich euch helfen kann. Ich bin nur ein kleines Mädchen.«

»Und wir sind noch kleiner! Aber schau uns an, was wir tun können. Jeder von uns kann Objekte bewegen und tragen, die fünfzig Mal schwerer sind als unser eigenes Gewicht. Und nun schau dir an, was wir gemeinsam bewegen können: Holzscheite! Das ist erstaunlich, nicht wahr? Also, nein, du bist nicht zu klein, Lily. Du hast genau die richtige Größe, um Berge versetzen zu können.«

»Huch, so habe ich das noch nie gesehen. Vielen Dank, ich fühle mich jetzt schon viel besser. Und bitte, ich helfe euch liebend gerne. Ich werde auf jeden Fall mein Bestes geben! Jetzt muss ich nach Hause, aber bevor ich gehe, habe ich noch eine Frage: Wie kann ich es vermeiden, auf euch zu treten? Ihr seid überall, und ich kann euch dort unten nicht immer sehen.«

»Oh, mach dir darüber keine Sorgen. Wenn wir nicht genug Zeit haben, um aus dem Weg zu gehen, verschwinden wir zwischen den Blättern, damit wir nicht den vollen Aufprall mitbekommen. Normalerweise klappt das gut, aber manchmal wird eine Ameise zerquetscht.«

»Aber es ist nicht deine Schuld«, fuhr die Ameise fort. »So ist eben die Natur, und wir verstehen, dass Menschen nicht in der Luft schweben können. Egal wie traurig es ist, einen Freund zu verlieren, wir verurteilen dich nicht für den Tod einer Ameise oder eines anderen Insekts!«

»Das ist gut zu hören, danke. Und du bist ziemlich schlau, das ist sicher. Nun, ich muss jetzt gehen und nochmals vielen Dank. Ich weiß wirklich zu schätzen, was du gesagt hast.«

Diesmal war Lily vor ihren Eltern zu Hause. Sie ging direkt nach oben in ihr Zimmer, um sich noch ein wenig auszuruhen.

Lily setzte sich auf ihr Bett und nahm die Münze aus dem Beutel. Sie umklammerte das wertvolle Stück dabei so fest, dass sie, als sie ihre Faust wieder öffnete, den Kettenabdruck auf ihrer Handfläche sehen konnte. Sie kniff die Augen zusammen, um ihre Hand genauer anzuschauen. Dabei bemerkte sie, dass sich etwas im Abdruck bewegte. Ein Stück der Kette brach auf! Sie schaute auf die Münze und fand die gleiche gebrochene Kettenstelle.

Hä? Interessant!

Lily starrte die Münze an und drehte sie viele Male um. Es schien fast, als hätte sie sie eine ganze Stunde lang nur gedreht. Sie dachte gerade an eingesperrte Labortiere, als sie hörte, wie ihre Mutter zur Tür hereinkam.

»Lily, bist du zu Hause?«

»Ja, Mama, ich bin oben.«

»Okay, ich fange an zu kochen. Dein Vater wird auch jeden Moment zu Hause sein.«

Lily lag mit der Münze auf der Brust auf ihrem Bett und versuchte, sich und ihre Augen zu entspannen. Aber es waren einfach viel zu viele Gedanken, die ihr durch den Kopf schwirrten.

»Abendessen ist fertig! Komm runter, Lily.« Ihre Mutter brachte das Kopfkarussell zum Stehen. »Wir essen Pizza!« Erleichtert, etwas Positives zu hören, eilte Lily die Treppe hinunter.

Nach dem Abendessen holte sie ein Brettspiel aus dem Schrank und baute es auf.

Wenn sie nichts anderes vorhatte, spielte die Familie Bowers jeden Freitagabend nach dem Essen Gesellschaftsspiele. Lily konnte das normalerweise kaum erwarten. Der heutige Abend war jedoch irgendwie anders.

»Ich möchte heute Abend etwas für die Schule recherchieren. Können wir also nur dieses eine Spiel machen?«

»Hausaufgaben an einem Freitagabend! Ist das notwendig?«, fragte Lilys Vater.

»Es ist nicht notwendig, aber ich interessiere mich wirklich für das Thema und kann nicht aufhören, darüber nachzudenken. Bitte?«

»Was immer du willst. Lerne, mein Schatz«, sagte ihr Vater. »Was für ein Thema habt ihr?«

»Tierversuche«, antwortete Lily.

»Tierversuche! Das ist ein ziemlich tiefgründiges Thema. Ich bin überrascht, dass ihr so etwas in eurer ersten Schulwoche behandelt.«

»Jemand hat es heute in Biologie erwähnt, und ich möchte einfach mehr darüber erfahren, das ist alles.« Lily hoffte, dass keine weiteren Fragen kommen würden.

Nach einer Runde des mysteriösen »Wer hat es getan?«, ging Lily nach oben und überprüfte die Münze auf eventuelle Veränderungen. Aber nichts war passiert.

Sie schaltete ihren Laptop ein, den sie letzten Februar zum Geburtstag geschenkt bekommen hatte und suchte nach Artikeln über Tierversuche.

8

FEDERLOSE FLÜGEL

Nachdem sie ein paar Videos angesehen und einige Artikel gelesen hatte, hielt sie inne, legte den Kopf in ihre Hände und weinte erneut.

So viel Folter und Leid! Wer macht so etwas? Universitäten, Forschungseinrichtungen und Unternehmen, die Haushaltsprodukte, Medikamente, Kosmetika, Lebensmittel, Pestizide oder Industriechemikalien herstellten. Eigentlich alle.

Als sie realisierte, dass sie und alle anderen Menschen auf diesem Planeten diese getesteten Waren kauften, weinte sie noch mehr.

Nachdem sie sich einigermaßen beruhigt hatte, setzte Lily ihre Nachforschungen fort und fand heraus, dass Tiere gezwungen wurden, Substanzen zu fressen oder Dämpfe einzuatmen. Einige dieser Mittel wurden ihnen auch auf rasierte Teile ihres Körpers geschmiert oder direkt unter die Haut gespritzt. Manchmal waren diese Substanzen sogar giftig.

Wie schrecklich!

Dann sah sie sich ein Video an, in dem Affen nach einer Gehirnoperation mit riesigen Metallzylindern in ihren Köpfen aufwachten. Ihre Köpfe bluteten noch, als die Tiere erste Aufgaben erledigen mussten. Häufig bekamen sie nicht mal etwas zu trinken. Und all das nur, um zu erfahren, wie ihr Gehirn und ihre Motorik funktionierten.

Lily drehte sich der Magen um.

Sie rannte ins Badezimmer und schloss die Tür hinter sich. Sie klappte den Toilettendeckel hoch, aber es kam nichts aus ihr heraus.

Sie saß einen Moment da, würgte und atmete schwer. Eine Schweißperle lief über ihre Stirn.

Schließlich stand sie langsam auf, wusch ihr Gesicht mit kaltem Wasser und steckte ihre Haare zu einem Pferdeschwanz zusammen. Dabei sah sie in den Spiegel.

Ich muss diese Folter stoppen! Das ist inakzeptabel!

Erschöpft zog sie ihren Schlafanzug an, putzte sich die Zähne und kroch ins Bett. Bilder von blutigen, schreienden Affen und verängstigten, rasierten und zerschnittenen Kaninchen drängten sich in ihre Gedanken.

Sie konnte jetzt auf keinen Fall schlafen. In diesem Augenblick hätte es wahrscheinlich nicht einmal geholfen, wenn ihre Mutter ihr etwas vorgelesen hätte.

Sie stand wieder auf und loggte sich in ihren Computer ein.

Puh! Sie fand heraus, dass Tierversuche in der Europäischen Union seit 2013 verboten waren.

Weitere Nachforschungen zeigten ihr allerdings, dass dieses Verbot nur für das Endprodukt galt, nicht aber für die einzelnen Bestandteile oder für einzelne Elemente eines Produkts.

Also, es gab zwar einige Gesetze, die Tiere schützten. Diese hatten aber Lücken, die es Unternehmen ermöglichten, weiterhin Tierversuche durchzuführen.

Das ist ja hinterhältig und total ungerecht!

Als sie weiter recherchierte, fand Lily noch sehr viel mehr Gesetzeslücken.

Dann fand sie heraus, dass viele dieser Tierversuche für Menschen riskant und ungenau waren, was sie am meisten schockierte.

Warum? Lily schaltete ihren Computer aus und legte sich schweigend auf ihr Bett.

Ich kann das nicht aufhalten. Da kann ich nichts machen. Sie foltern seit Jahrzehnten Tiere und werden nicht aufhören, weil ein zehnjähriges Mädchen sie darum bittet. Die Menschen werden sich nicht ändern. Selbst große Tierrechtsorganisationen können sie nicht aufhalten. Sie haben ein paar Schlachten gewonnen, aber nicht den Krieg.

Sie fühlte sich überwältigt und trauriger als jemals zuvor in ihrem ganzen Leben. Dann stand sie auf und öffnete ihre Balkontür. Der pfeifende Wind und sein kühler Hauch fühlten sich wirklich gut auf ihrem heißen tränenüberströmten Gesicht an.

Die Bäume wehten hin und her. Es sah fast aus wie ein Winken. Sie dachte nicht nach und winkte zurück.

Oh, das war dumm.

Aber dann beugte ein Baum seine Krone nach vorne und schwenkte sie einige Male von rechts nach links.

Okay, jetzt reden die Bäume mit mir? Das ist irre!

Lily wollte nicht unhöflich wirken, winkte erneut, schloss die Tür und kroch unter ihre Decke. Endlich schlief sie ein.

Lily saß aufrecht im Bett. Ein gleißendes Licht blendete sie. Vorsichtig öffnete sie die Augen, ging zum Fenster und sah hinaus.

Lily blinzelte und konnte nichts außer diesem hellweißen Licht sehen. Der gesamte Garten war erleuchtet. Sie öffnete wieder die Balkontür und ging hinaus. Als das Licht schwächer wurde, sah sie etwas klarer.

Eine leuchtende weibliche Figur schwebte auf Lilys Balkon zu. Nach Luft schnappend trat Lily einen Schritt zurück und stand nun regungslos in der Tür.

Die Gestalt hatte das Gesicht, die Arme und die Hände einer Frau. Ihre grünen, großen runden Augen glichen denen einer Katze. Der Rest ihres Körpers war eine bunte Zusammenstellung aus Fell, Federn, Schuppen, Blättern, Pilzen, Zweigen und Blumen, die von ihrem Kopf fließend bis zum Boden reichte. Wie die Schleppe eines Hochzeitskleides.

Ist das ein Wasserfall?

Lilys Augen sprangen fast aus ihrem Kopf, als sie bemerkte, dass das Haar der Gestalt teilweise aus Wasser bestand. Sogar Fische schwammen darin!

Als das Wesen den Balkon erreichte, trat Lily zurück in ihr Zimmer und bat es herein. Es war ziemlich klar, wer sie da besuchte.

Lily setzte sich auf ihr Bett und wartete dort schweigend. Was hatte diese wunderschöne Erscheinung zu sagen?

Doch anstatt zu reden, öffnete sie ihre Flügel so weit, wie sie konnte. Lily rang entsetzt nach Luft, als sie bemerkte, dass die Flügel schwer beschädigt und fast federlos waren!

Alo hatte keinen Witz gemacht. Lily erinnerte sich an das, was er gesagt hatte. Mutter Natur könne kaum noch fliegen, weil sie zu viele Federn verloren habe.

»Sie wachsen normalerweise vollständig nach, aber sobald eine Feder nachwächst, fällt sofort eine andere heraus. Wenn ich alle meine Federn verliere, kann ich die wunderbaren Pflanzen und Tiere auf der Erde nicht mehr beschützen. Ich werde sinnlos sterben. Und wenn ich nicht mehr existiere, wird auch jeder lebende Organismus auf diesem Planeten sterben«, sagte Mutter Natur. »Lily, du bist meine einzige Hoffnung.«

»Ich bin doch nur ein Kind. Ich würde dich liebend gerne retten, würde ich wirklich! Aber ich weiß nicht wie.« Lily senkte den Kopf.

»Du bist sehr jung, ja. Aber du besitzt etwas, was niemand sonst hat, Lily: die Fähigkeit, mit mir und mit allen, für die ich sorge, zu reden. Du bist intelligent und mutig. Doch deine mächtigste Gabe ist dein Mitgefühl! Mit deiner Strebsamkeit und Liebe kannst du uns alle retten. Ich kann die Zukunft nicht sehen, aber mein Instinkt hat mich in der Vergangenheit noch nie getäuscht. Du, Lily, bist unsere Retterin.«

Bitte was? Ich bin keine Retterin! Und wie kann ich mit Mutter Natur sprechen? Das ist Wahnsinn! Ich muss träumen!

Lily hob Ralph hoch, um zu schauen, ob er noch sprechen konnte. Sie wollte sehen, ob das alles real war. Aber er schlief fest in seinem Panzer. Sie setzte ihn vorsichtig ab, als sie sich daran erinnerte, dass Schildkröten es nicht mögen, hochgehoben zu werden.

Mutter Natur schwebte zu Lilys Schreibtisch und ergriff die Münze. »Diese Münze wird dich führen. Ich sehe, dass die Kette gesprengt ist. Weißt du, was das bedeutet?«

»Nein, aber ich denke, es hat etwas mit den Labortieren zu tun. Die Versuchskaninchen sind gefangen. Ich bin vermutlich dazu bestimmt, die Ketten ihrer Gefangenschaft zu brechen und sie zu befreien?«

»Wenn es nur so einfach wäre«, antwortete Mutter Natur.

»Das ist dein endgültiges Ziel, Tiere zu retten und mir zu helfen, das Gleichgewicht zwischen mir, der Natur und der Welt der Menschen wiederherzustellen. Wir sind aber erst am Anfang, denn wir stehen vor so vielen Problemen. Ich will nicht weitere Naturkatastrophen auslösen, die noch mehr Leben zerstören oder erschüttern. Das bricht mir das Herz. Die ziemlich offensichtlichen Warnungen funktionieren anscheinend nicht. Daher glaube ich, dass wir jetzt die Hilfe eines starken Menschen brauchen. Dieser Mensch bist du! Wirst du uns helfen?«

»Mehr als je zuvor!«, brach es aus Lily heraus. »Ähm, eigentlich habe ich immer noch keine Ahnung, was ich tun soll.«

»Danke, Lily. Beobachte diese Münze genau. Sie begleitet dich auf jedem Schritt deines Weges. Die gebrochene Kette ist ein Symbol der Freiheit, das ultimative Ziel. Wie du dieses Ziel erreichst, wird dir die Münze zeigen. Also schau ganz genau hin.«

»Wann wird sie sich wieder verändern?«, fragte Lily.

»Wenn die Zeit reif ist. Es ist spät, ich lass dich jetzt besser alleine. Komm morgen in den Wald zur großen Eiche und bringe die Münze mit. Ich werde dich dort treffen. Schlaf gut und danke noch mal, Lily! Dein Herz ist größer als das Leben.« Mutter Natur verschwand schnell. Alles, was von ihr blieb, war ein weißes Glitzern.

Lily saß da und starrte auf die Wand. Sie verspürte einen Energiefluss von ihrem linken Fuß bis hinein in ihren Kopf. Schaudernd verkroch sie sich unter der Decke.

»Hast du sie gesehen, Ralph?«, fragte Lily, aber Ralph antwortete immer noch nicht.

Er wacht auf, wenn ich mitten in der Nacht niese, aber einen Besuch von Mutter Natur verschläft er. Typisch Schildkröte!

Lily machte das Licht an, um auf die Münze zu schauen. Als sie sie aufhob, begann sich etwas auf ihr zu verändern. *Blink jetzt nicht!*

Die Kette verwandelte sich in einen Ring aus sechs Händen, die sich im Kreis hielten. Sie drehte sie um und sah ein Herz, in dessen Mitte folgende Worte prangten: ›Mit ein wenig Hilfe von deinen Freunden‹.

Lily dachte an Eva und Till, ihre engsten Freunde. Zusammen hatten sie sechs Hände!

Aber natürlich! Ich kann es auf keinen Fall alleine schaffen. Ich brauche auch Hilfe!

Lily wusste, dass sie alles für sie tun würden, weil sie alles für sie tun würde. *Ich habe die besten Freunde der Welt!*

Sie dachte noch einmal darüber nach, wie verrückt das alles war und was sie wohl denken würden. Dann erinnerte sie sich an ihre Entscheidung, den beiden besser nichts zu erzählen.

Aber das ist ein Zeichen. Vielleicht sollte ich es ihnen doch sagen? Seufz! Muss ich mir ausgerechnet jetzt darüber Gedanken machen?

Sie war erschöpft und wollte nur noch schlafen.

Keine Minute nachdem sie ihren Kopf auf das Kissen gelegt hatte, träumte sie wieder von ihrem Reinhardswald. Nur sah er diesmal so aus, als hätte ihn jemand mit Regenbogenfarben überzogen.

Die Buchenstämme waren himmelblau und hatten königsblaue Blätter, die Farne hellrosa, und die Hirsche waren in ein dunkles, wunderschönes Purpur gehüllt. Ihre Augen blitzten golden.

Sie sprang und hüpfte fröhlich über einen schmalen Pfad, bis sie zu einer Stelle kam, wo es nicht weiterging. Als sie sich umschaute, sah sie, dass der Weg hinter ihr verschwunden war.

Es gab keine andere Möglichkeit. Sie musste irgendwie weiterkommen.

Die Buche vor ihr beugte einen ihrer breiten Äste nach unten und lud sie ein, auf ihm entlangzugehen. Sie folgte diesem Weg bis ganz hinauf. Von oben konnte sie den gesamten Wald sehen, wie ein Adler, der über ihm seine Kreise zog.

Aber was war das? Es war kein schöner Anblick. Es war verheerend. Alles um sie herum war grau und schwarz, voller Ruß und Asche. Als wäre er völlig niedergebrannt. Die Bäume standen noch, waren aber kahl und trocken. Der gesamte Wald sah tot aus.

Sie kletterte den Baum wieder herunter. Aber unten sah alles so bunt wie vorher aus. Auch der Weg hinter ihr war wieder aufgetaucht.

Mutter Natur saß im Schneidersitz auf einer kleinen Lichtung. Hinter ihren Händen, die ihr schönes Gesicht verbargen, hörte man ein leises Schluchzen.

Lily näherte sich ihr: »Geht es dir gut?«

Als Mutter Natur aufblickte, streifte Lilys Körper ein kalter Windzug. Dort, wo früher ihre wunderschönen Katzenaugen gewesen waren, starrten sie jetzt leere dunkle Augenhöhlen an.

»Aaaaah!« Schweißgebadet und zitternd erwachte Lily.

Es war nur ein Traum. Erleichtert atmete sie auf.

Der warme, süße Geruch von frischem Ahornsirup drang in ihre Nase. *Pfannkuchen!* Lilys Lieblingsessen.

Letztlich gab es doch noch etwas, auf das man sich freuen konnte.

9

VIELE NEUE FREUNDE

Lilys Herz und Füße waren schwer, als sie die Treppe herunter ging.

Ihre Mutter wendete gerade einen Pfannkuchen. »Hey, Süße, willst du heute in den Park gehen? Das Wetter ist wunderschön. Wir könnten ein Picknick machen und Frisbee spielen, eine Radtour oder irgendetwas anderes. Was meinst du?«

»Ich habe noch einige Hausaufgaben zu erledigen und möchte den Rest des Nachmittags mit Eva verbringen, wenn das in Ordnung ist. Sie braucht jetzt wirklich eine Freundin.«

»Oh, ich verstehe. Ich würde das Gleiche tun. Du bist eine gute Freundin! Evas Mutter hat in letzter Zeit sogar an den Wochenenden arbeiten müssen. Ich glaube, es ist an der Zeit, dass ich mich bei ihr melde, damit sie sich mal aussprechen kann.«

»Ich bin froh, dass das mit heute geklärt ist«, sagte Lilys Vater ungeduldig. »Lass uns frühstücken, ich bin am Verhungern!« Er verwandelte sich in einen knurrenden Bären, wenn er hungrig war. »Eigentlich müsste einiges im Garten gemacht werden. Ich habe den Rasen letzte Woche nicht gemäht, und jetzt sieht es da draußen aus wie im Dschungel!«

Puh. Lily log überhaupt nicht gerne, aber heute hatte sie keine Wahl. Eine sehr wichtige, aber beängstigende Aufgabe erwartete sie.

»Mama, kaufst du eigentlich tierversuchsfreie Kosmetika und Haushaltsreiniger?«, fragte Lily.

»Ja, ich versuche es. Das ist allerdings schwierig. Bei einigen Produkten gibt es keine Alternative oder es gibt keine Informationen über die Testverfahren.«

Nach dem Frühstück ging Lily nach oben ins Badezimmer und öffnete den Schrank. Auf einigen Produkten befanden sich verschiedene Prüfsiegel. An denen konnte man erkennen, dass diese Artikel zertifiziert waren. Aber nicht auf allen fand sie solche Siegel.

Sie wusste von ihren gestrigen Nachforschungen, dass nicht jedes Produkt, das ohne Tierversuche hergestellt wurde, so ein Siegel auf der Verpackung hatte. Manchmal hatten die Unternehmen das Verfahren einfach nicht eingeleitet, um eines dieser offiziellen Prüfsiegel zu erhalten. Obwohl das gar nicht so schwierig oder teuer war. Eigentlich waren Zertifizierungen kostenlos. Aber das Unternehmen musste eine Gebühr zahlen, wenn es das Symbol auf seine Verpackungen drucken lassen wollte.

Aber was bedeutet ›Wir sind gegen Tierversuche‹? Testen sie oder nicht? Ach, warum ist das alles so schwierig?

Lily machte drei Stapel: Einen für Produkte, für die keine Tierversuche gemacht worden waren und einen weiteren für Produkte, bei denen nichts über Versuche stand. In den dritten Stapel sortierte sie die Produkte, deren Hersteller schrieben, sie seien gegen Tierversuche, aber dafür keine tatsächlichen Belege brachten.

»Was machst du gerade?« Ihre Mutter kam herein und sah

Lily von Produkten umgeben, die über den ganzen Boden verteilt waren.

»Überprüfen, ob die hier tierversuchsfrei sind.«

»Oh, lass mich dir dabei helfen.«

Ihre Mutter setzte sich zu Lily und überprüfte mit ihr jedes einzelne Produkt. Die, die kein Siegel hatten oder zu denen sie weitere Informationen einholen wollte, nahm sie mit nach unten, um dort selbst alles noch einmal gegenzuchecken.

»Ich werde dich auf dem Laufenden halten. Und ich verspreche dir: Sollte ich herausfinden, dass sie Tierversuche machen, werde ich diese Sachen nicht mehr kaufen, okay?«

»Danke, Mama, wir wissen das wirklich zu schätzen.«

»Wir?«

»Ja, die Tiere und ich.«

»Du bist so süß«, sagte ihre Mutter und ging die Treppe hinunter.

Lily machte eine Liste der tierversuchsfreien Marken, die noch auf dem Boden lagen. Danach stellte sie sie wieder in den Schrank.

Sie war erleichtert, dass die meisten der Produkte ohne Tierversuche waren. Dann ging sie in ihr Zimmer und packte ihre Hausaufgaben aus.

Vergeblich versuchte Lily sich auf die Matheaufgaben zu konzentrieren, aber ihre Gedanken kreisten pausenlos um Mutter Natur und wie sie ihr helfen konnte.

Sie hatte noch keine Idee, und die Hinweise der Münze waren nicht sehr hilfreich. Sie brauchte Lösungen!

Lily legte ihr Matheheft weg und beschloss, am Sonntag früher aufzustehen, um sie vor dem Frühstück zu machen. Sie fragte ihren Vater, ob das okay wäre und sie jetzt Eva besuchen könne.

»Kein Problem! Viel Spaß und sei um spätestens sieben zu Hause«, sagte er.

Lily nahm den Weg zu Eva. Aber kaum war sie um die Ecke

gebogen, wechselte sie die Richtung und steuerte auf den Wald zu. Das sollte ihr Vater natürlich nicht sehen.

Sie war aufgeregt, ein bisschen ängstlich und hatte das Gefühl, ihre Füße würden sie nicht schnell genug tragen können. Der Reinhardswald war jetzt noch magischer und mysteriöser als je zuvor. Glaubte sie den Märchen, die von den Gebrüdern Grimm erzählt wurden? Natürlich nicht alles, aber genau das machte ihre Geschichten so interessant. Wenn alles in ihnen wahr gewesen wäre, hätten die Geschichten ihre ganze Magie verloren.

Oder ... War es doch die Wahrheit? Hatten sie vielleicht genau diese Art von Magie erlebt?

Plötzlich versagten ihr die Knie und sie sank zu Boden. Sie war wie erstarrt, kniete bewegungslos im Schmutz. Mit letzter Kraft blickte Lily sich um und sah Alo, der neben ihr stand und sie beobachtete.

»Es ist erdrückend, ich weiß. Aber du bist stark, und mit unserer Hilfe kannst du das, Lily.« Alo legte sich neben sie und schmiegte seinen Kopf an ihr Bein.

»Alo, ich habe keine Ahnung, was ich tun soll, und ich habe wirklich Angst.«

»Ich verstehe. Vertraue einfach deinem Bauchgefühl und Mutter Natur.«

Ein Rauschen in den Bäumen riss Lily aus ihrer Benommenheit. Vor ihr schwebte Mutter Natur vom Himmel herab. Sie war so schön wie in Lilys Erinnerung. Aber diesmal war sie größer, viel größer.

»Oh, wow! Wie konntest du so ...« Lily brachte kein Wort mehr heraus.

»Draußen im Wald bin ich so groß wie die Bäume. Drinnen bin ich so groß, wie es der Raum zulässt.«

»Hast du die Münze mitgebracht?«, fragte Mutter Natur.

»Äh, ja, hier ist sie.« Lily gab sie ihr.

Nachdem Mutter Natur die Münze vorsichtig überprüft

hatte, blickte sie auf und atmete schwer. Beim Ausatmen drehte sie sich langsam im Kreis. Ein schwacher Wind blies durch den Wald, und die Bäume wiegten sich im Einklang mit ihren Blättern.

Lily konnte das Geplapper der Vögel hören. »Was ist los, Mama?«, zwitscherte ein Babyfinke in einem nahe gelegenen Nest.

»Wir werden gerufen. Bleib hier, ich bin gleich wieder da.« Mama Finke flog zu Mutter Natur, die ihr etwas in ihr kleines Öhrchen flüsterte. Dann flog Mama Finke zurück zu ihrem Nest und kuschelte sich an ihre Babys.

Der Wald roch wie ein frischer Herbstmorgen nach einem langen Abendregen.

»Du bekommst Hilfe«, sagte Mutter Natur.

»Ich glaube nicht, dass ich meinen Freunden von dir erzählen kann«, sagte Lily.

»Du hast möglicherweise recht, Lily. Sie würden es vermutlich nicht verstehen.«

»Aber wie kann ich dann Hilfe bekommen, wenn ich meine Freunde nicht fragen kann? Ich brauche sie!«

»Deine Freunde sind überall, Lily. Öffne deine Augen. Sie sind hier. Du hast sie einfach noch nicht getroffen.«

Ein größerer Vogel flog zu einem Ast direkt neben Lilys Kopf und sah sie aufmerksam an.

»Mein Name ist Rae«, sagte der schwarze Rabe. Rae breitete seine Schwingen weit aus, dann hielt er seinen rechten Flügel vor seine Brust und verbeugte sich. »Schön, dich kennenzulernen, Lily.«

»Schön, dich endlich persönlich kennenzulernen. Ich denke, wir haben uns schon einmal gesehen.« Lily erkannte Rae als den Raben, der sie neulich angekrächzt hatte. Auch ihm fehlte die linke Flügelspitze. »Was ist mit deinem Flügel passiert?«

»Ich wurde vor langer Zeit verletzt«, sagte Rae. »Ich kann

immer noch fliegen, brauche dafür aber etwas mehr Kraft als früher. Besser als meine Flugkünste ist aber meine Fähigkeit, Dinge zu sehen, die andere nicht erkennen können.«

»Und, ich werde dir auch helfen«, quietschte eine winzige Maus, die plötzlich auf Lilys Fuß saß. »Ich heiße Serena. Ich bin so schnell wie ein Feuerwerkskörper und passe in die kleinste Ritze.«

Innerhalb einer Minute war Lily von vielen Tieren umgeben, die aus den Schatten des Waldes aufgetaucht waren, um sie zu begrüßen.

Eichhörnchen, Vögel aller Art, Hirsche, Mäuse, Ratten, Wildschweine, Füchse, Wölfe, Schlangen und mindestens eine Million Insekten, Bienen, Fliegen, Käfer und Spinnen starrten sie mit hellen Augen und buschigen Schwänzen an. Das heißt, wenn sie überhaupt Schwänze hatten.

Hunderte, wenn nicht gar Tausende großer und kleiner, schwacher und starker Tiere standen aufrecht und stolz vor ihr.

Lily sah auf ihre unkontrolliert zitternden Hände hinunter. Eine extreme Hitze kroch von ihrem Bauch bis in ihren Kopf. Sie war sich sicher, dass er rot wie eine Rübe war.

Alo ging auf sie zu. Lily bückte sich und umarmte ihn fest. Sie war noch nie zuvor von so vielen wilden Tieren umgeben gewesen.

Er spürte ihre Unsicherheit und flüsterte ihr ins Ohr: »Hab keine Angst. Sie alle lieben und respektieren dich und würden dir niemals etwas antun.«

Lilys Angst ließ langsam nach, und sie lockerte ihren Griff.

»Auf gehts! Fühle die Wärme und Liebe, die sie dir entgegenbringen. Sie warten darauf, dass du zu ihnen sprichst«, sagte Alo.

Lily erhob sich selbstbewusst, sah ihnen direkt in die Augen und verkündete: »Es ist schön, euch alle kennenzulernen. Eure Freunde werden verletzt. Es tut mir so leid um all diejenigen, die diese Schmerzen und dieses Leid auf sich nehmen müssen. Ich kann die Vergangenheit nicht mehr rückgängig machen, aber ich kann versuchen, die Zukunft zu verändern. Das kann ich allerdings nur mit eurer Hilfe tun. Gemeinsam werden wir unsere Freunde und Mutter Natur retten.«

Die Tiere heulten, schwärmten, quietschten, grunzten und jubelten, so laut sie konnten. Sobald es wieder ruhiger wurde, fuhr Lily mit sanfter Stimme fort. »Die Wahrheit ist, dass ich nicht weiß, was ich tun soll. Ich weiß nicht, wie ich euch und Mutter Natur helfen kann. Ich brauche eure Unterstützung. Wer kann mir helfen, herauszufinden was zu tun ist?«

Sieben Tiere traten vor: eine Eule, eine Hirschkuh, eine Katze, ein Fuchs, eine Wölfin, Serena, die Maus und Rae, der Rabe.

»Wow, so viele Freiwillige! Danke, danke! Ich denke, wir sollten jetzt anfangen, was meint ihr?«

Der Fuchs sprang auf. »Kluge Idee!«

Lily drehte sich zu den anderen Tieren um, die sie immer noch aufmerksam beobachteten. »Ich danke euch allen, dass ihr gekommen seid. Wir werden uns bald wiedersehen.«

Sie verneigten sich vor ihr. Danach verschwanden sie langsam im tiefen, dichten Wald.

Lily wandte sich wieder ihrer Gruppe zu und lächelte. »Wen haben wir denn nun hier?«

Die schwarze schlanke Katze stolzierte heran, um sich vorzustellen. Sie hieß Mond.

Die Hirschkuh trat näher, um Lily zu begrüßen. »Hi, ich bin Trixi und freue mich sehr, dich endlich kennenzulernen. Ich warte auf diesen Moment, seit ich ein junges Hirschkalb bin, was nicht allzu lange her ist. Ich bin erst zwei Jahre alt. Meine Mutter hat mir gesagt, dass du ein ganz besonderes Mädchen bist, und wenn ich dich jemals treffen sollte, solle ich dir sagen, du würdest geliebt. Also los gehts: Lily, du wirst geliebt.«

»Oh, du bist süß! Danke Trixi, ich freue mich sehr, dich zu

treffen. Und dich auch, Mond. Dein schwarzes Fell ist übrigens sehr schön und geschmeidig.«

»Ich bin Alpina«, unterbrach sie eine wunderschöne silberne Wölfin. Lily bückte sich und lächelte breit, damit Alpina sie gut riechen konnte. »Ich bin die Anführerin in Alos Familie.«

Der Fuchs tänzelte auf Lily zu und sagte: »Hey, ich bin übrigens Jakob!«

»Schön, dich zu treffen, Jakob!«

Dann sah Lily die Eule an und zog ihre linke Augenbraue hoch.

»Nenn mich einfach Sam«, antwortete die Eule. »Mein Vorname ist für Menschen zu schwierig auszusprechen.«

»Danke, Sam, aber jetzt hast du mich neugierig auf deinen Namen gemacht. Kann ich ihn bitte hören?«, bat Lily.

Sam zwinkerte Lily zu und erzeugte ein Geräusch, das so hoch war, dass Lily sich beide Ohren zuhalten musste.

»Es tut mir leid«, sagte Lily. »Es ist ein wunderschöner Name, aber du hast recht, er ist viel zu schwierig für mich.«

»Mir tut es auch leid. Bitte ihn, das niemals wieder zu tun, okay?«, fauchte Mond.

»Ich freue mich sehr, dass ihr alle hier seid. Und ich danke euch, dass ihr euch freiwillig gemeldet habt«, sagte Lily. Sie wollte weiterreden, stockte aber mitten im Satz, um dann fortzufahren: »Moment mal, wie könnt ihr mich alle verstehen? Ich belle, heule, knurre, zische oder gurre nicht. Welche Sprache spreche ich eigentlich?«

10

SCHMETTERLINGE

»Du sprichst Tierisch. Es ist die universelle Tiersprache, die jeder versteht außer den Menschen. Nun, kein Mensch außer dir«, erklärte Sam. »Wir sprechen individuell in unserer eigenen Sprache«, mischte sich Alpina ein.

»Wenn wir aber in einer Gruppe verschiedener Tierarten sind, sprechen wir automatisch Tierisch. Diese Fähigkeit hast du ab jetzt natürlich auch. Wildtiere können normalerweise alle anderen Arten ohne viele Probleme verstehen.«

»Ja wirklich? Wow, wie cool ist das denn?«

In den nächsten Stunden sprachen sie darüber, wie sie Labortieren helfen könnten. Ihr Team wusste genau, was ihre Freunde in diesen Labors aushalten mussten, und es gab auch schon einige gute Ideen.

Schließlich entwickelten sie einen Schlachtplan, der nicht nur clever, sondern auch realistisch war. *Das könnte tatsächlich funktionieren!*

Lily war sehr stolz auf das, was sie erreicht hatten, aber jetzt musste sie nach Hause. Morgen früh würde sie zurückkommen, und dann könnten sie weiter daran arbeiten, teilte sie ihren neuen Freunden mit.

Als sie den Wald verließ, entdeckte sie an einem der Stämme einen Specht. Er hörte auf zu hämmern, sah sie an und zwitscherte. Lily zwitscherte zurück, winkte und ging nach Hause.

Am nächsten Tag schlang Lily ihr Frühstück herunter und erledigte schnell ihre Hausaufgaben. Dann steckte sie ein paar Sachen in ihren Rucksack, die sie für nützlich hielt und ging zu der großen Eiche im Wald. Dieser Ort war jetzt ihr offizieller Treffpunkt.

Lily hob ihren Kopf und heulte wie ein Wolf. Sie war sich nicht sicher, ob dies die richtige Art war, ihr Team zu rufen. Doch nach und nach tauchten alle auf.

»Ich habe ein paar Dinge mitgebracht, die uns helfen könnten«, sagte Lily, als sie ihre Tasche auspackte.

Sie durchdachten jeden einzelnen Schritt ihres Planes und arbeiteten ihn bis ins kleinste Detail aus.

Lily bat noch weitere Tiere um Mithilfe. Als der fertige Plan endlich stand und jeder seine jeweilige Rolle kannte, war der Tag auch schon vorbei.

Lily rief Eva kurz vor dem Schlafengehen an. »Wie geht es dir? Es tut mir leid, dass ich mich nicht früher gemeldet habe. Es war ein total verrücktes Wochenende.«

»Alles okay, du brauchst dich nicht zu entschuldigen. Wenn ich deine Hilfe gebraucht hätte, hätte ich angerufen«, sagte Eva. »Ich war gestern mit meiner Mutter im Park Picknicken und Frisbee Spielen. Wir haben uns super unterhalten und auch viel dabei gelacht. Das war das erste Mal seit langer Zeit, dass ich sie so glücklich gesehen habe.«

»Oh, Eva, das ist wunderbar.«

»Ja, das ist es. Heute Morgen musste sie aber wieder arbeiten, da bin ich in den Wald gegangen. Und weißt du was? Dort war es dermaßen laut. Das klang fast wie ein Tierchor oder so. Und ich hätte schwören können, dass ich deine Stimme gehört habe. Es war wirklich merkwürdig. Normalerweise zwitschern da nur ein paar Vögel. Das Heulen, Quietschen und Gegrunze war neu. Bestimmt habe ich mir das alles nur eingebildet.«

»Huch, das ist aber seltsam. Hast du herausgefunden, woher es kam?« Lily hoffte, dass ihr Geheimnis noch sicher war.

»Um ehrlich zu sein, ich hatte Angst, weil ich alleine war. Ich wollte einfach nach Hause. Wie hältst du es nur immer stundenlang da aus? Hast du keine Angst?«

»Oh, nein, ich liebe den Wald. Da macht mich die Schule nervöser. Uff, wo wir gerade davon sprechen. Es ist spät geworden, und wir müssen morgen früh raus. Wir sollten jetzt besser Schluss machen.«

»Gute Nacht und danke, dass du angerufen hast. Du bist wirklich eine wahre Freundin«, sagte Eva.

»Dito, schlaf schön, und alles wird gut. Deine Mutter macht gerade schwere Zeiten durch, aber sie liebt dich sehr und will dich nicht enttäuschen. Denk einfach daran, okay?«

»Das mache ich, danke. Gute Nacht.« Eva legte auf.

Oh, bevor ich es vergesse, sollte ich alles aufschreiben, was ich für morgen brauche.

Als sie damit fertig war, überflog sie ihre anderen Notizen und bemerkte, dass sie in dieser Woche schon an jedem Tag etwas zu tun hatte.

Sie kroch ins Bett und schlief sofort ein. Sie schlief durch, bis der Wecker sie am nächsten Morgen aus dem Schlaf bimmelte. Keine Träume oder Albträume und keine Besucher. Nur der schon lange überfällige tiefe, erholsame Schlaf.

Als Lily sich am nächsten Morgen für die Schule fertig machte, zog sie ihre Notizen heraus und starrte sie an.

Das passiert tatsächlich! Auf Papier erschien es ihr jetzt noch wirklicher.

Sie versuchte, die Nervosität, die in ihr aufstieg, zu ignorieren, und packte ihre Sachen zusammen. Dann ab, die Treppe hinunter. Sie verabschiedete sich von ihren Eltern und ging zur Bushaltestelle.

Auf ihrem Weg wurde sie von Viktoria überholt, die sich leise von hinten an sie herangeschlichen hatte und Lily einen gemeinen Blick zuwarf. Lily grunzte, als sie ein Stechen in ihrer Magengegend spürte.

Viktoria blieb stehen, drehte sich wieder um und ging direkt auf Lily zu. »Stimmt etwas nicht, Kleine?«

»Nein«, sagte Lily.

»Ich glaube dir nicht«, sagte Viktoria. »Tatsächlich klang es eher so, als würdest du dich über mich lustig machen. Das ist gar nicht nett. Ich möchte, dass du dich entschuldigst!«

»Es tut mir leid.« Lily senkte den Kopf.

»Nicht angenommen«, sagte Viktoria. »Ich könnte deine Entschuldigung annehmen, wenn du meine Tasche zur Schule trägst. Meine Schulter tut immer noch weh, weil ich neulich wegen dir auf dem Boden gelandet bin.«

»Ich muss meine eigene Tasche tragen, da kann ich nicht auch noch deine tragen«, antwortete Lily zaghaft.

»Oh, du armes Kind. Du verletzt jemanden und bist dann noch nicht mal bereit, ihm danach zu helfen. Warte nur, bis ich in der Schule allen gesagt habe, was für eine abscheuliche Person du bist«, drohte Viktoria.

»Okay, gib sie mir. Ich werde sie bis zur Bushaltestelle tragen, ist das in Ordnung?«

»Toll, hier bitte schön. Jetzt beeil dich, sonst kommen wir noch zu spät!«, drängte Viktoria.

Viktoria ging großspurig ein paar Schritte voraus. Lily zockelte mit den zwei schweren Taschen hinterher.

Was hat sie da reingetan, Steine?

Als Viktoria Till sah, nahm sie Lily die Tasche weg. Er näherte sich den beiden. »Was soll das alles schon wieder?«

»Sie hat mich gezwungen, ihre Tasche zu tragen.« Lily blickte beschämt zu Boden.

Till fasste sie mit beiden Händen an den Schultern und sah ihr direkt in die Augen. »Lily, hör mir bitte gut zu. Hab keine Angst, Nein zu sagen. Du bist stark und ich bin auf deiner Seite! Warte mal. Ich bin gleich zurück.« Till stürmte auf Viktoria zu.

»Ich werde nicht zusehen, wie du meine beste Freundin schikanierst, Viktoria«, sagte er streng. »Dein Verhalten geht gar nicht, und das weißt du! Schluck deine Wut runter oder du bekommst es mit mir zu tun, verstehst du?«

Viktoria kicherte, aber als Till ihr den Rücken zuwandte, bemerkte Lily den Ausdruck in ihrem Gesicht. Der war nicht gemein und noch weniger ängstlich. Sie sah traurig aus. Sehr, sehr traurig.

Till ging zu Lily zurück und umarmte sie fest. Er war viel größer als sie, also lag ihr Ohr flach an seiner Brust. Sie spürte, wie sein Herz schlug. Ein Kribbeln breitete sich in ihrem Körper aus. Sie hatte Schmetterlinge im Bauch! Schon viele, viele Male hatten sie sich umarmt, aber da hatte sie dieses Gefühl nicht gehabt. Diesmal war es anders.

Leicht verwirrt schob sie sich behutsam von ihm weg. »Vielen Dank. Ich bin dir wirklich dankbar. Das nächste Mal werde ich Nein sagen und einfach weggehen. Das verspreche ich.«

»Es sollte besser kein nächstes Mal geben, aber nur für den

Fall. Wenn du willst, kann ich dich gerne abholen, dann gehen wir zusammen zur Bushaltestelle. Das mache ich wirklich gerne.«

»Das wäre sehr schön, danke«, sagte Lily.

Hey, was rede ich da für ein komisches Zeug?

Normalerweise hätte sie ihm gesagt, er bräuchte keinen Umweg für sie zu machen. Aber sie würde sich an seiner Seite sicherer fühlen. Außerdem wollte sie herausfinden, was es mit den Schmetterlingen auf sich hatte.

»Komm, da ist Eva!« Till nahm Lilys Hand und sie gingen zu ihr.

Doch Eva war heute sehr schweigsam. Sie wollte wahrscheinlich nicht vor Till über ihre Mutter reden. Der berichtete umso ausführlicher von seiner ersten Tauchstunde. *Und was soll ich erzählen?* Lily entschied sich für ein vollgepacktes Familienwochenende mit Einkäufen, Gartenarbeit, Film- und Brettspiele-Abenden.

Sie atmete auf, als der Bus um die Ecke fuhr und sie von ihrem Gespräch erlöste. Sie fühlte sich schuldig genug, weil sie die Unwahrheit gesagt hatte. Zuerst hatte sie ihre Eltern und dann ihre besten Freunde angelogen.

Wenn das so weitergeht, werde ich sie verlieren!

Während der gesamten Busfahrt hörte Lily Flüstern um sich herum, und sie spürte die kalten Blicke der anderen. Dann hörte sie jemanden sagen: »Was? Sie hat Viktoria absichtlich auf den Boden gestoßen? Wow, Lily hat sich seit der Grundschule ganz schön verändert!«

Aber ich habe doch ihre Tasche getragen! Warum tut sie das?

Viktoria hatte also bereits ihre Gerüchte in die Welt gesetzt. *Das wird ein harter Tag.* Lily verdrehte die Augen, als Till sie von der Seite her umarmte und sie näher an sich heranzog.

Sie konnte sich nicht auf den Unterricht konzentrieren. Die leidenden Labortiere und Viktoria gingen ihr nicht mehr aus dem Kopf.

Lily achtete darauf, sich den Rest des Tages von ihr fernzuhalten. Dazu musste sie sie aber immer im Auge behalten, was überhaupt keinen Spaß machte.

Als sie jedoch einmal nicht aufpasste, schlich Viktoria an ihr vorbei und warf Lily die Reste ihres Pausenbrotes direkt vor die Füße.

»Jetzt verstreust du hier auch noch deinen ganzen Müll. Schäm dich!«, zischte Viktoria mit einem höhnischen Lächeln.

Als die Schulglocke an diesem Tag das letzte Mal läutete, schien fast jedes Kind in der Schule Lily für eine Piesackerin zu halten. *Meine Güte! Gerüchte verbreiten sich hier so schnell.*

Aber laut Klatsch schien nicht nur Lily ein schlechter Mensch zu sein, sondern auch Eva und Till.

An der Bushaltestelle entdeckte sie Till, der ganz verlassen dort stand. Es waren zwar andere Kinder aus seiner Klasse da, aber sie standen weit weg von ihm. Sie ging auf ihn zu und stellte sich direkt neben ihn. Als sie über den verflixten Tag des Flüsterns und der bösen Blicke sprachen, lehnte sie sich an ihn an.

Till schaute herab, zog eine Augenbraue hoch, küsste sie vorsichtig und legte seinen Arm um sie. Jetzt fühlte Lily sich sicher, und wieder flatterten die Schmetterlinge wild in ihrem Bauch herum.

Was ist los?

11

EIN FUSS IN DER TÜR

Zu Hause verbrachte Lily ein wenig Zeit mit ihrer Mutter und erzählte ihr von ihrem Tag. Alles außer dem Teil mit Viktoria und dem Gerede. Sie wollte nicht, dass ihre Mutter sich Sorgen machte.

»Danke fürs Erzählen«, sagte ihre Mutter. »Ich hatte schon die Befürchtung, du würdest einfach reinstürmen, ›Hallo‹ sagen und für den Rest des Tages verschwunden sein. So wie letzte Woche.«

»Ich war letzte Woche sehr beschäftigt, Mama. Es tut mir leid. Ich werde versuchen, das zu ändern, aber ich habe eben Hausaufgaben. Ich lasse dich jetzt alleine, ist das in Ordnung?«

»Natürlich, Schatz. Ich kann dich eh nicht von den Hausaufgaben abhalten, oder?«, scherzte Ihre Mutter.

Lily ging schnell in ihr Zimmer, schloss die Tür und sah auf ihren Plan. Sie hatte heute nur noch eine Sache zu erledigen.

Sie schaltete ihren Laptop ein, um etwas über das Tierversuchslabor in ihrer Nähe herauszufinden. Dann griff sie nach dem Telefon. Eine freundliche Stimme am anderen Ende meldete sich.

Mit etwas tieferer Stimme sagte Lily: »Hallo, ich heiße Lily Bowers. Darf ich bitte mit Dr. Schwarz sprechen?«

»Darf ich fragen, worum es geht?«, fragte die Rezeptionistin.

»Wir arbeiten in der Schule an einem Projekt über den Werdegang in verschiedenen Berufsgruppen. Mich fasziniert die medizinische Forschung, und daher möchte ich mit ihrem Direktor über die Erfolge seines Labors sprechen. Ich wollte fragen, ob er Zeit für ein kurzes Interview hätte.«

»Er ist ein viel beschäftigter Mann. Ich bin mir nicht sicher, ob Sie Glück haben werden, aber ich werde Sie durchstellen. Einen Moment bitte.«

»Schwarz hier, wie kann ich Ihnen helfen?«

Lily wiederholte ihre Vorstellung und fügte hinzu: »Ich weiß, dass Sie in Ihrer Forschungseinrichtung eine Kombination aus Tierversuchen und alternativen Tests anwenden. Ich würde gerne die Unterschiede zwischen den beiden Verfahren näher kennenlernen. Sind Sie bereit, ein paar Minuten Ihrer Zeit für ein Interview zu opfern?«

»Es tut mir leid, aber ich habe momentan keine Zeit«, antwortete Dr. Schwarz.

»Es dauert nur ein paar Minuten, und es muss auch nicht jetzt sein. Ich weiß, dass mein Projekt weder Ihnen noch Ihrer Arbeit nützt. Aber können Sie sich an die Zeit erinnern, als Sie darüber nachdachten, welche berufliche Laufbahn Sie einschlagen sollen? Kannten Sie jemanden auf diesem Gebiet, den Sie um Rat hätten fragen können?«

»Nein, aber vielleicht wäre das hilfreich gewesen«, sagte Dr. Schwarz. Lily glaubte, ein leichtes Seufzen in seiner Stimme zu vernehmen.

»Ich kenne leider keine anderen Laborleiter, und mir wurde gesagt, Sie seien der beste Ansprechpartner. Haben Sie vielleicht nächste Woche ein paar Minuten Zeit?«

»Warten Sie. Lassen Sie mich nachsehen. Ich hätte in zwei Wochen am Mittwoch einen Termin frei. Wie wäre es also mit dem 27 zigsten um 16:00 Uhr?«

»Großartig! 16:00 Uhr am 27 zigsten«, wiederholte Lily. »Das ist perfekt! Ich freue mich sehr darauf, Sie persönlich kennenzulernen.«

Sie verabschiedeten sich und legten auf.

Lily fühlte sich ein wenig schuldig, weil sie die ganze Geschichte erfunden hatte. Sie hielt einige Minuten inne und dachte über dieses medizinische Fachgebiet nach. Technisch war es ein sehr interessantes Gebiet. Vielleicht wäre es gut, mehr darüber zu erfahren. Einmal das, und es würde auch bestimmt gegen ihre Schuldgefühle helfen. *Aber egal!* Der Plan ihres Teams funktionierte, und sie hatte einen Fuß in der Tür.

»Puh, das ist gut gelaufen, meinst du nicht auch, Ralph? Ich war mir nicht sicher, ob ich tatsächlich an der Sekretärin vorbeikommen würde, geschweige denn einen Termin bekommen würde.«

Sie redete in letzter Zeit ziemlich oft mit Ralph. Vor Kurzem hatte sie noch gedacht, sie würde Selbstgespräche führen. Jetzt aber, da sie wusste, dass er mit ihr sprechen konnte, unterhielten sie sich ständig.

Als ihre Mutter eines Abends Gegrunze, Glucksen und Ächzen aus ihrem Zimmer gehört hatte, fragte sie Lily, welche Naturdokumentation sie sich anschauen würde. Lily kicherte und erklärte ihr, dass sie Schildkrötisch online lernen würde, um mit Ralph sprechen zu können.

Nachdem der erste Schritt getan war und sie einen Termin mit dem Laborleiter hatte, begannen sich aber auch gewisse Befürchtungen und Zweifel einzuschleichen. Der erste Schritt schien einfach zu simpel, und sie war sich nicht sicher, was sie als Nächstes tun sollte.

Wie kann ich ihn davon überzeugen, keine Tierversuche mehr durchzuführen? Was ist, wenn er mich rauswirft, sobald er herausfindet, dass ich eine Tierschützerin bin? Oder dass ich nicht wirklich daran interessiert bin, Labormitarbeiterin oder -leiterin zu werden? Oh, nein, ich hätte nicht lügen sollen!

Um nicht noch mehr Zeit zu vergeuden, trieb sie sich selbst wieder zur Arbeit an. Nach einigen weiteren Recherchen war ihr klar, dass Erwachsene total auf Präsentationen stehen. Sie suchte nach Beispielen und lud kostenlos eine ziemlich gute Vorlage herunter. Sie musste nur noch den Text und Bilder ergänzen. Das klang ziemlich einfach.

Trotzdem war alles, was sie hatte, zu diesem Zeitpunkt nur eine Idee. Eine Idee, die sich gut anhörte, aber entwickelt von einem zehnjährigen Mädchen und sieben Waldtieren.

Nach dem Abendessen ging sie wieder nach oben, um den Text in ihre Präsentation einzufügen.

Kann das überhaupt funktionieren? Sie hatte noch nie so etwas erstellt, geschweige denn jemandem bei einem Treffen vorgeführt. Ihr Herzschlag pochte wie Donnerschläge.

Sie stellte sich die Begegnung mit Dr. Schwarz vor. *Er wird mich auslachen. Ich weiß es einfach!*

Ein Klopfen an ihrem Fenster riss sie aus ihren Gedanken.

Es war Alo. Sie war froh, dass er so leise war. Ansonsten hätte sie ihn auf keinen Fall hineinlassen können, denn ihre Mutter las im Nebenzimmer.

»Ich habe von deinem Plan gehört, und ich muss sagen, ich bin beeindruckt!«, sagte Alo.

»Ja wirklich? Ich bin mir nicht sicher«, sagte Lily. »Ich habe gerade einen Termin mit dem Laborleiter vereinbart. Aber ich glaube, dass er mich rausschmeißen wird, sobald er herausfindet, dass ich nur da bin, um Tiere zu retten.«

»Vielleicht, aber wenn er die Vorteile erkennt, wird er bestimmt zuhören.«

»Ja, aber ich bin nicht so zuversichtlich wie du!«

»Wo ist deine Münze?«, fragte Alo.

Die Münze hatte sie völlig vergessen. Jetzt musste sie erst mal nachdenken, wo sie sie hingesteckt hatte. Sie kramte in ihren Sachen und fand sie schließlich in ihrer Jackentasche.

Die sechs Hände waren nicht mehr zu sehen. Stattdessen war an deren Stelle jetzt ein Kreis, in dem ein toter Baumstumpf stand. Neben dem Baum lag auf dem völlig verdorrten und rissigen Boden ein menschliches Skelett. Eine Krähe pickte an den Augenhöhlen herum. Auf der anderen Seite stand: ›Sich anpassen heißt überleben, aber die Menschheit muss darauf vertrauen‹.

Alo schaute auch und sagte: »Ah, die Evolution stirbt nie. Das ist gut. Was sagt dir das, Lily?«

Lily dachte ein paar Minuten nach. Dann erinnerte sich daran, was sie über Geier gelernt hatte. »Tiere müssen sich anpassen, um zu überleben. Der Kopf eines Geiers ist nackt, damit seine Federn nicht verschmutzen oder verkleben, wenn er ihn tief in den Körper eines toten Tieres steckt. Geier haben sogar gelernt, wie man Straußeneier mit Steinen aufbricht.«

»Ja, das ist ein gutes Beispiel, aber das ist noch nicht alles. Was könnte es noch bedeuten?«

»Ich weiß nicht, sag du es mir. Was könnte es sonst bedeuten?«, fragte Lily zurück.

»Ich kenne die Menschen nicht so gut wie du. Aber ich weiß, dass sie Gewohnheitstiere sind und sich nur ändern, wenn sie keine andere Wahl haben.«

»Oh ja! Ich habe einen Dokumentarfilm gesehen, und da wurde gesagt, dass sich die Einstellung der Menschheit verändern muss, damit wir alle überleben können. Aber manchmal denken die Menschen zu kurzfristig. Außerdem wollen wir immer eine Garantie für ein noch besseres Leben. Wir müssen noch viel Überzeugungsarbeit leisten.«

»Genau. Wenn du jetzt deine Präsentation vorbereitest, konzentriere dich auf diese Kernbotschaft und lass dein Herzblut hineinfließen, um die richtigen Worte und Bilder zu finden«, sagte Alo. »Lass dich von dem Bild einer gesunden Mutter Natur leiten. Behalte es einfach im Hinterkopf, und sie wird dich inspirieren, dein Bestes zu geben.«

»Ah, ich glaube, ich habe es begriffen!« Als hätte ihr jemand die Antwort auf ein Stück Papier geschrieben, sah sie genau vor sich, wie es weitergehen musste. »Ich weiß jetzt, wo ich anfangen sollte. Danke für deine Hilfe, Alo!«

»Dann lasse ich dich jetzt arbeiten.«

»Warum bleibst du nicht einfach hier, vielleicht brauche ich dich heute Nacht noch.«

»Du kommst zurecht, da bin ich mir sicher. Wenn du mich trotzdem brauchen solltest, heul einfach.« Alo sprang vom Balkon und trabte in den dunklen Wald.

Mit frischer Energie schrieb Lily ihre Einfälle auf.

»Schläfst du, Lily?« Ihre Mutter klopfte an die Tür.

»Glaubst du, ich würde ins Bett gehen, ohne euch eine gute Nacht zu wünschen? Ich habe gerade meine Hausaufgaben fertig gemacht. Mama, kannst du mir eine Geschichte vorlesen?«

»Nichts lieber als das!«

»Lass uns das lesen.« Lily schnappte sich ein Buch, das sie letztes Jahr zum Geburtstag bekommen, aber noch nicht gelesen hatte: ›Die Konferenz der Tiere‹ von Erich Kästner.

Lily glaubte nicht, dass sie jemals aus dem Vorlesealter herauswachsen würde. Manchmal las ihr Vater, manchmal ihre Mutter, und manchmal las sie selbst den beiden vor. Aber heute Nacht hatte sie keine Lust zum Vorlesen. Sie wollte nur ruhig daliegen und zuhören.

Ihre Mutter las das Buch gerade lang genug, sodass man leicht in die Geschichte fand. Und die war richtig, richtig gut! Kurz nachdem ihre Eltern ihr einen Gute-Nacht-Kuss gegeben hatten, schlief Lily ein.

12

DIE TIERE HELFEN

Am nächsten Tag ging Lily direkt nach der Schule in den Wald, um sich mit ihrem Team zu treffen.

»Ahouuuuuuuuuuuu ...« Ihr Heulen wurde von Mal zu Mal besser, aber sie fühlte sich immer noch komisch dabei. Sie fragte sich, wie viele der Waldbewohner heimlich über sie lachten.

»Was?« Lily zuckte zusammen, als Rae der Rabe auf ihrer Schulter landete.

»Oh, du bist es! Du hast mich erschreckt!«

»Entschuldigung, ich wollte eigentlich auf diesem Ast landen, aber eine starke Windböe hat mich direkt zu dir gepustet.«

Auch die anderen sechs tauchten nach und nach auf. Lily erzählte ihnen von der Unterhaltung mit Dr. Schwarz. Dann nahm sie einen Stock und malte ein paar Skizzen auf den Boden. So konnten auch die anderen sehen, was sie sich vorstellte.

Während sie weitere Details besprachen, stürzte sich Mond plötzlich auf Serena, die flink über den Weg huschte und unter einigen Blättern verschwand.

»Würdet ihr zwei euch bitte wieder hinsetzen!«, schimpfte Alpina. Die beiden wandten sich wieder Lily zu, die viel erschrockener aussah als Serena.

»Es war nur ein harmloses Spiel, Lily. Katz und Maus eben. Wir alle haben einen Pakt geschlossen, uns gegenseitig nicht zu verletzen. Zumindest während der Zeit unseres Auftrages. Danach jedoch muss die Natur wieder ihren Lauf nehmen«, erklärte Alpina.

Was für eine eigenartige Truppe. Lily sah ihnen zu, wie sie in perfekter Harmonie zusammenarbeiteten. Sie wollte nicht darüber nachdenken, was passieren würde, wenn das hier alles vorbei war.

Lily rief noch ein paar Freunde des Waldes zu sich, um Fotos zu machen, die sie in ihrer Präsentation haben wollte. Dann waren sie mit ihrer Besprechung fertig.

Das Team bildete einen Kreis, ihr Abschiedsritual. Sie legen ihre rechte Pfote, Hand oder Flügel in der Mitte übereinander, senkten sie, um sie dann nach oben zu schleudern, und dabei riefen sie: »Wir schaffen das!«

Mit einem zuversichtlichen Lächeln im Gesicht atmete Lily tief ein und schaute in den pulsierenden Wald. Die Farben der Blätter und der kleinen Wildblumen waren so leuchtend, dass sie deren positive Energie fühlen konnte.

Auf dem Heimweg fand sie ein völlig außer Puste geratenes Vogelbaby alleine auf dem Boden sitzend. Lily kniete nieder und fragte, ob es Hilfe bräuchte. Das Baby wimmerte. Seine Mutter kam heruntergeflogen. Sie erklärte Lily, dass es aus dem Nest gefallen war und sich dabei verletzt hatte.

Die Vogelmama stimmte Lilys Vorschlag zu, ihr Junges zum Tierarzt in der Nähe zu bringen. Sie hob den schluchzenden Vogel vorsichtig auf und ging so schnell, wie sie konnte, los.

»Hallo, Lily! Lange nicht gesehen«, begrüßte sie der Tierarzt.

Streunende Kätzchen, verlassene Hunde, Eichhörnchen, Vögel. Lily hatte viele verletzte Tiere zu ihm gebracht. Mittlerweile war sie Stammgast in der Tierarztpraxis. Als sie drei Jahre war, bat sie ihre Mutter sogar, mit ihr einen blaubäuchigen Mistkäfer dorthin zu bringen. Sie erfreute den Tierarzt so sehr, dass er ihr Bild mit einem Babyeichhörnchen rahmen ließ. Auf dem Rahmen war eine kleine Platte befestigt, in die eingraviert war: ›Lily Bowers, Beschützerin der wilden Tiere‹.

»Ich habe es im Wald gefunden. Können sie ihm helfen?«

»Bestimmt.« Der Tierarzt nahm das Vogelbaby vorsichtig aus Lilys Händen und untersuchte es. »Es hat sich nur den Flügel verletzt, aber in ein paar Tagen ist der wieder wie neu. Es braucht nur ein wenig Zeit und Ruhe. Hast du Vögel in ihrer Nähe gesehen? Vielleicht das Muttertier?«

»Ja, sie war da. Ich habe ihr gesagt, dass Sie sich das mal anschauen sollten und dass ich es dann gleich zurückbringen werde.«

Der Tierarzt lächelte breit und sagte: »Ich bin sicher, sie hat ›Okay‹ gesagt, richtig? Na schön, dann nimm ihn und bring ihn zurück. Es ist schon ein Jungvogel, also brauchst du ihn nicht ins Nest zurücklegen. Setze ihn einfach an einem sicheren Ort in der Nähe der Fundstelle ab. Dort, wo auch der Muttervogel war. Aber besser nicht in Sichtweite von Raubtieren oder an Wegen, auf denen Menschen mit ihren Hunden spazieren gehen.

Seine Mutter sollte sich um ihn kümmern. Aber warte eine Weile ab, bis du sicher bist, dass sie ihn gefunden hat. Wenn sie ihn nicht findet, nimm ihn mit nach Hause und ruf den Tierschutzverein an. Hier ist die Nummer.« Der Tierarzt schrieb eine Telefonnummer auf ein kleines Stück Papier und reichte es Lily.

Sie wusste, dass seine Mutter noch da sein würde, nahm den Zettel aber trotzdem. Dann dankte sie dem Tierarzt nochmals für seine Dienste.

Lily beeilte sich jetzt, das Kleine sicher und schnell zurück zu seiner Mutter zu bringen.

»Auf gehts, süßes kleines Mädchen.« Lily setzte es vorsichtig an einem sicheren Ort zwischen einigen Zweigen und Blättern ab. Ihre Mutter kam sofort und Lily erklärte ihr, was der Arzt gesagt hatte.

»Ich muss jetzt nach Hause, aber wenn du meine Hilfe brauchst: Ich wohne direkt hinter dieser Hecke. Klopfe einfach an mein Fenster. Es ist das Fenster rechts außen im zweiten Stock. Der Flügel wird sicher schnell heilen. Sie muss sich nur ausruhen.«

Lily kam nach Hause und fühlte sofort diese Wärme und Liebe. Vielleicht lag es auch ein bisschen an der italienischen Küche. Auf der Speisekarte stand heute: Spaghetti!

Nach dem Abendessen ging sie in ihr Zimmer, um an ihrer Präsentation weiterzuarbeiten.

Doch kaum hatte sie angefangen, da piepste ihr Telefon.

Es war der Gruppenchat ihrer Freunde. Nach einer Stunde Chatten hatte sie irgendwie keine richtige Lust, weiterzuarbeiten. Sie sprach noch mit Ralph und ging dann runter, um mit ihren Eltern vor dem Zubettgehen ein wenig fernzusehen.

Ich habe eine Menge Zeit, um das zu erledigen. Ich muss mich nicht beeilen.

In den nächsten paar Tagen hatte sie gar keine Lust, an der Präsentation zu arbeiten. Stattdessen plauderte sie mit ihren Freunden, schaute Fernsehen oder hing mit Eva und Till ab.

Eines Abends saß sie in ihrem Zimmer und starrte aus dem Fenster in den dunklen Wald. Sie fragte sich, wie es wohl wäre, ein Wolf zu sein.

»Hallo Lily«, sagte Alo, der leise auf ihren Balkon gesprungen war.

Sie schreckte für den Bruchteil einer Sekunde auf und dann sagte sie »Oh! Hi!« Schläfrig hing sie in ihrem Sessel.

»Was läuft schief?«, fragte er.

»Nichts.« Lily ließ den Kopf hängen.

»Wie läuft es mit deiner Präsentation? Bist du bald fertig?«

»Oh, es tut mir leid. Ich habe nichts an der Präsentation gemacht. Die ganze Woche noch nicht.«

»Darf ich fragen, warum nicht?«

»Ich weiß es nicht. Ich hatte einfach keine Lust dazu. Es wird nicht klappen. Was ich auch tun werde. Ich weiß es einfach.« Lily hob langsam den Kopf, um Alos Reaktion zu beobachten.

Er sagte nichts, setzte sich hin und starrte Lily mit traurigen Augen an.

Dann stand er wieder auf und ging ein paar Schritte auf sie zu, damit er ihr direkt in die Augen sehen könnte.

»Lily, du bist der mitfühlendste Mensch, den ich kenne. Erinnerst du dich an alle diese Tiere, die du in den letzten paar Jahren gerettet hast? Niemand hat dir dabei geholfen. Du wusstest einfach, was du tun musst, und du hast es getan.«

»Meine Mutter hat mich zum Tierarzt begleitet, als ich zu jung war, alleine zu gehen. Sie hat mir auch beigebracht, wie man Tiere pflegt. Ich habe nichts davon alleine gemacht. Warum muss ich es sein? Ich werde Mutter Natur niemals retten können. Ich bin keine Superheldin. Ich kann das einfach nicht. Es tut mir leid!«

»Ich verstehe dich, Lily. Es ist eine große Verantwortung für ein kleines Mädchen, und es gibt keine Garantie, dass du Erfolg haben wirst. Das kann ziemlich demotivierend sein.«

»Ich wusste, dass du es verstehen würdest, Alo. Danke.«

»Natürlich verstehe ich das. Aber ich weiß auch, wie glücklich es dich machen würde, wenn du Erfolg hättest. Ich habe schon oft gesehen, dass du etwas erreicht hast und wie glücklich es dich gemacht hat. Du motivierst alle um dich herum mit deiner Fröhlichkeit und deinem Lachen. Und du bist am glücklichsten, wenn du Tieren helfen kannst. Die Tiere sind dir sehr dankbar, denn sie wissen, wenn sie Hilfe brauchen, können sie sich auf dich verlassen. Jedes Tier auf diesem Planeten kennt dich. Wir hier im Reinhardswald haben das große Glück, dass du direkt in unserer Nähe lebst. Es gibt Tausende von Tieren auf der ganzen Welt, die dich kennenlernen und treffen wollen. Weißt du, wie sehr du geliebt wirst?«

»Ja wirklich? Sie lieben mich, obwohl sie mich nicht einmal kennen?«

»Natürlich, Lily. Du bist die Einzige, die wir kennen, die die Fähigkeit besitzt, Mutter Natur zu retten. Und glaube mir bitte: Wir wollten dir diese Last nicht aufbürden und haben daher zuerst nach einem Erwachsenen gesucht. Aber es gibt niemanden sonst, der so ist wie du. Dein reines Herz und deine Seele machen dich zu etwas Besonderem. Deshalb bist du die Auserwählte.«

Alo hielt inne, als er sah, wie eine Träne über Lilys Gesicht lief.

»Schließe deine Augen, Lily. Ich möchte, dass du in unsere Zukunft schaust. Bis zu dem Punkt, an dem du diese Prüfung hinter dich gebracht hast. Stell dir Mutter Natur mit gesunden, strahlenden Schwingen vor. Sie ist glücklich, dankbar und voller bedingungsloser Liebe. Und siehst du, wie sie uns alle und unsere schöne Erde rettet?«

Alo fuhr fort: »Und nun stell dir vor, dass du mitten unter all den Katzen, Mäusen, Hunden, Affen und Kaninchen stehst, die du gerettet hast. Kannst du sehen, wie erleichtert und glücklich sie sind?«

Lily lächelte und nickte.

»Wie fühlst Du Dich jetzt?«, fragte Alo, nachdem ein paar Minuten vergangen waren.

Lily lächelte immer noch, aber ihre Augen blieben geschlossenen, und sie sprach kein Wort.

»Ooooh!« Sie schüttelte ihre Arme und ihren Kopf. Es fühlte sich irgendwie an, als würde ein eingekugelter Igel auf ihrer rechten Körperseite auf und ab rollen.

Sie öffnete ihre Augen, sah Alo unverwandt an und sagte: »Ich kann das jetzt verstehen. Ich kann sie nicht enttäuschen.« Lily senkte den Kopf wieder.

»Du wirst dich selbst nicht enttäuschen, Lily. Das ist viel wichtiger. Du bist am glücklichsten, wenn du Tiere retten oder ihnen helfen kannst, oder?«

»Ja, ich denke, das bin ich.«

Alo ging zu ihr und legte seinen Kopf auf ihre Schulter. Lily umarmte ihn und fing an zu weinen.

»Was ist, wenn ich scheitere? Was ist, wenn Mutter Natur stirbt? Ich allein wäre daran schuld!«

»Nein, da liegst du falsch. Es wäre nicht dein Fehler. Niemand wäre schuld, Lily.«

»Also, kein Tier wäre sauer auf mich, wenn ich versagen würde?«, fragte Lily schüchtern.

»Warum sollten wir? Wir wissen, dass du dein Bestes geben wirst, und wir sind alle hier, um dir zu helfen. Wie könnten wir da wütend sein?

Ungeachtet dessen, warum redest du ständig von deinem Versagen, Lily? Ich wäre damals, als ich verletzt war, nie in dein Zimmer gekommen, wenn ich gedacht hätte, dass du scheitern wirst.

Mutter Natur hätte sich dir nicht offenbart. Kein Tier oder Baum hätte mit dir kommuniziert. Obwohl wir die Zukunft nicht vorhersagen können, wissen wir, dass du es schaffen wirst. Wir haben nicht den leisesten Zweifel daran!«

»Glaubst du wirklich, ich kann Mutter Natur retten?« Lilys Augen weiteten sich in Erwartung auf Alos Antwort.

»Ich glaube nicht, dass du Erfolg haben wirst, Lily. Ich weiß es!«

In den nächsten Tagen arbeitete Lily hart an der Verbesserung ihrer Präsentation.

Sie war superdankbar für Ralphs Hilfe, den besten Assistenten aller Zeiten. Er machte nicht nur sehr intelligente Vorschläge, sondern gab ihr auch das Gefühl, nicht alleine und hilflos zu sein.

Es entspannte Lily, wenn er auf ihrem Schreibtisch saß und alles kontrollierte, was sie tat. Es machte ihr absolut nichts aus, dass er ihr über die Schulter schaute. Einmal machte er sogar einen Witz, während er ihre Grammatik korrigierte.

Die Tage flogen vorbei, und bevor sie sich versah, war es schon der Vorabend des Treffens mit Dr. Schwarz.

Sie gab ihrer Präsentation nach der Schule noch den letzten Schliff. Dann ging sie in den Wald, um ihrem Team das Ergebnis zu zeigen.

»Das ist wunderschön, Lily. Da hast du einen wunderbaren Job gemacht!«, sagte Alpina. Die anderen nickten zustimmend.

In diesem Moment erschien Mutter Natur. »Lily, wir sind dir sehr dankbar für deine Hilfe. Du hast da was Erstaunliches geleistet, und ich bin zuversichtlich, dass du Erfolg haben wirst. Du bist unser helles Licht am Ende des dunklen Tunnels!«

Lily strahlte vor Freude. Aber dann packte sie wieder der Zweifel. »Was ist, wenn ich doch versage? Was ist, wenn Dr. Schwarz meine Argumente ablehnt?«

Mutter Natur spreizte ihre Flügel weit aus und sah zum Himmel auf. Die Bäume schüttelten sich und rasselten mit ihren Zweigen und Blättern. Ein Sonnenstrahl traf Lily. »Am Ende wirst du es schaffen, meine Liebe. Keine Sorge.«

Aber Lily machte sich trotzdem Sorgen und schlief in dieser Nacht kaum.

13

DER WICHTIGE TERMIN

Nach der Schule musste Lily eine andere Buslinie nehmen, um zu Dr. Schwarz‘ Büro zu kommen. Als sie noch mal ihre Notizen überflog, spürte sie einen Hitzeschauer, der von ihrem Magen bis in ihr Gesicht wanderte. Das Papier in ihren nervösen Händen zitterte so sehr, dass sie ihre eigenen Notizen nicht mehr lesen konnte.

Es war ein richtiger Kraftakt, aufzustehen und aus dem Bus zu steigen. Als sie endlich am Gebäude ankam, blieb sie vor der Tür stehen. Lily versuchte noch einmal, all ihren Mut zusammenzunehmen

Als sie noch überlegte, ob sie reingehen oder doch weglaufen sollte, landete ein Spatz auf einem Ast in ihrer Nähe. »Viel Glück und danke, Lily! Wir sind so stolz auf dich. Du wirst deinen Job großartig machen.« Lily lächelte und ging durch die Tür.

»Ich bin hier, um mich mit Dr. Schwarz zu treffen«, sagte sie zu der Frau am Empfang.

Die Empfangsdame sah auf und fragte neugierig: »Und Sie sind?«

»Lily Bowers.«

Sie schaute auf den Terminkalender und zeigte dann auf eine Reihe von Stühlen an der Wand gegenüber. »Ich melde Sie an.«

Während Lily wartete, bemerkte sie eine Zeitschrift auf dem Tisch vor ihr. Auf dem Titelblatt war ein Affe in einem Käfig zu sehen, und der Titel lautete: ›Wir sind alle Affen in Käfigen‹.

Sie las den Artikel durch. Dort ging es um ein Experiment, das im Jahre 1967 mit einer Gruppe von fünf Affen durchgeführt worden war. Man hatte sie in einen Käfig mit einer Leiter gesteckt. Am Ende der Leiter befand sich eine Bananenstaude. Einer der Affen kletterte sofort hinauf, um an die Bananen zu kommen. Doch bevor er sie erreichen konnte, wurde er mit kaltem Wasser bespritzt. Erschrocken kletterte er wieder herunter. Aber das war nicht alles. Auch die anderen vier wurden dabei mit kaltem Wasser besprüht.

Nach ein paar Minuten stieg ein anderer Affe die Leiter hinauf und es passierte das Gleiche. Beim dritten Versuch, an die Bananen zu kommen, wurde der Affe, der es versucht hatte, nicht nur mit Wasser bespritzt, sondern auch noch von den anderen vier geschlagen. Keiner der Affen wagte es jetzt noch, die Leiter hochzuklettern.

Nun wurde einer der Affen durch einen neuen ersetzt. Der entdeckte die Bananen und kletterte hinauf, ohne sich der Situation bewusst zu sein. Sofort wurde er von den anderen heruntergezogen und verprügelt.

Alle Affen wurden nach und nach durch neue Affen ersetzt. Keiner von ihnen hat je herausgefunden, warum er geschlagen worden war oder warum diejenigen angegriffen worden waren, die versucht hatten, die Leiter hochzuklettern. Alles, was sie wussten, war, dass die Dinge im Käfig so funktionierten und man sich besser daran halten sollte.

Der Artikel beschrieb auch, dass Menschen in der Arbeitswelt ein ähnliches Verhaltensmuster aufwiesen. Manche neuen

Ideen der Mitarbeiter würden von einigen Geschäftsleitungen ignoriert oder abgelehnt. Wenn dies zu oft passiere, würden die Angestellten nicht mehr über Verbesserungen nachdenken. Entweder schwiegen sie oder verließen das Unternehmen, um eine neue Stelle zu finden, wo ihre Stimmen gehört werden.

Hhmm! Traurig, dass sie Affen einsperren müssen, um das über die menschliche Natur herauszufinden. Wie sinnlos!

»Lily Bowers?«, fragte eine tiefe Stimme, die zu einem schwarz gekleideten großer Mann mit dick umrandeter Brille gehörte.

»Ja ... Dr. Schwarz?«, fragte sie schüchtern.

»Ich muss sagen, ich hatte einen älteren Teenager erwartet, kein so junges Schulmädchen. Aber ich freue mich trotzdem sehr, Sie kennenzulernen. Bitte kommen Sie mit.«

Sein langer weißer Laborkittel schwang hin und her, als sie durch einen breiten weißen Korridor gingen. Alles war weiß: die Wände, Türen, Böden, Schreibtische, Kleidung. Absolut alles. Es gab auch viele Räume mit abgeriegelten Türen auf beiden Seiten des Ganges.

Als sie das Büro von Dr. Schwarz betraten, holte Lily die Präsentation aus ihrer Tasche.

Sie zögerte das Gespräch mit ein wenig belanglosem Geplauder hinaus, bevor sie mit dem wahren Grund für ihre Anwesenheit herausrückte. »Ich interessiere mich sehr für die medizinische Forschung. Ich glaube, ich wäre eine wunderbare Labortechnikerin und vielleicht irgendwann sogar eine gute Direktorin. Denn ich will Menschen helfen. Aber ich möchte auch ehrlich zu Ihnen sein. Diese Karriere werde ich nur verfolgen, wenn sich bis dahin einige Dinge geändert haben.

Sehen Sie, ich lebe am Rande eines magischen Waldes, dem Reinhardswald. Für mich ist das ein heiliger Ort und für viele Wildtiere ihr Zuhause. Kürzlich traf ich Mutter Natur, die mich um Hilfe bat. Sie denken vielleicht, ich habe mir das nur eingebildet, aber es ist die Wahrheit. Sie sprach davon, wie

Menschen Tiere ausnutzen und ihnen Leid antun. Ich wusste schon von Tierversuchen, und meine Mutter tut alles, um nur Produkte zu kaufen, die ohne Tierversuche hergestellt werden. Aber es kommt vor, dass das nicht möglich ist. Manchmal haben wir keine Wahl, wie zum Beispiel in der Medizin.

Wussten Sie, dass viele Tests als nutzlos eingestuft worden sind? Als absolut nutzlos?«

»Ja, das wusste ich«, antwortete Dr. Schwarz mit einem verlegenen Lächeln.

»Das europäische Verbot von Tierversuchen in der Kosmetikindustrie im Jahr 2013 war eine gute Sache und hat ein bisschen geholfen«, fuhr Lily fort. »Aber das gilt nur für die Endprodukte einer Branche und nur in einer Region unserer großen Welt. Es gibt so viele weitere Branchen und Länder, die keine Pläne haben, damit in naher Zukunft aufzuhören.«

Lily war den Tränen nahe. *Atme, Lily, atme!*

»Ich weiß, dass wir die Gesetze in anderen Ländern nicht ändern können, aber wir können hier in Deutschland und in Europa Änderungen vorantreiben. Wenn wir erfolgreich sind, werden wir andere Länder mit unserem positiven Beispiel anspornen.

Wenn wir aber weiterhin der Tierwelt schaden, werden wir alle leiden und uns nicht mehr erholen. Mutter Natur ist sehr krank, und wenn sie sich nicht mehr um die Pflanzen und Tiere auf unserer heiligen Erde kümmern kann, wird alles um uns herum sterben, einschließlich der Menschen. Der Wald wird zu einem frostigen und unfruchtbaren Friedhof. Es wird keine Pflanzen mehr geben, die uns mit Sauerstoff versorgen. Die Berge werden Kahlflächen sein, die Hügel öde und die Flüsse und Seen austrocknen. Es wird dann so aussehen.«

Sie gab ihm ein Foto, auf dem tote Katzen und Mäuse zu sehen waren, die auf dem Waldboden lagen.

Natürlich waren sie nicht wirklich gestorben. Zwei Wochen zuvor hatten sich die Tiere nur für das Foto tot gestellt. Dr.

Schwarz konnte den Unterschied offensichtlich nicht erkennen, aber er sah auch nicht sonderlich ergriffen darüber aus.

Lily zeigte ihm weitere Fotos von den toten Bäumen und unfruchtbaren Teilen des Waldes. Sie hatte diese Stellen tief im Inneren des Waldes, weit abseits der Touristenpfade gefunden. Der Laborleiter runzelte die Stirn, sagte aber immer noch nichts.

Als sie ihm eine Nahaufnahme von Mutter Natur zeigte, worauf zu sehen war, dass sie fast keine Federn mehr an ihren Schwingen hatte, blickte sie ihm direkt in die Augen und sagte mit leiser Stimme: »Dieses Foto repräsentiert die Zerstörung, die bald unsere Realität sein wird.«

»Frau Bowers, lassen Sie mich Sie an dieser Stelle unterbrechen. Mir ist bewusst, dass den Tieren leid angetan wird. Und ich weiß, dass es auch alternative Methoden gibt. Mein Labor wendet sie auch schon an. Aber wir müssen zum Wohle und zur Sicherheit der Menschen mit Tierversuchen weitermachen. Ich verstehe ihr Mitgefühl für die Tiere. Ich liebe sie auch. Aber ich glaube ehrlich gesagt nicht, dass Tierversuche unseren Planeten zerstören werden. Und selbst wenn das der Fall wäre, hätte ich nicht die Möglichkeiten, etwas dagegen zu tun. Ich habe weder die Zeit noch die Energie, um mich damit zu beschäftigen. Viel weniger, als ich mir das vielleicht wünschen würde.«

»Ich verstehe, dass Ihre Zeit begrenzt ist, Dr. Schwarz. Aber wenn Sie die Tierversuche in Ihrem Labor beenden würden, dann würden Sie ein Zeichen für andere setzen.«

»Mit dem Verbot haben wir aufgehört, Kosmetika zu testen. Aber die medizinische Industrie ist eine völlig andere Geschichte«, sagte er. »Ich kann da nichts machen, egal wie sehr ich es mir auch wünsche. Oder haben Sie einen Vorschlag?«

Lily spürte, dass er sich ein wenig über sie ärgerte.

»Es ist wie bei allen anderen Dingen auch: Wenn man

etwas wirklich will, muss man hart dafür arbeiten, um es zu bekommen. Sie könnten mit Ihren Kolleginnen und Kollegen zusammenarbeiten und Veränderungen innerhalb der medizinischen Industrie fordern. Wenn Sie weiter schweigen und das alles als gottgegeben ansehen, wird sich nichts ändern. Aber wenn Sie Ihre Meinung öffentlich machen, werden Ihnen viele Leute zuhören.«

Überrascht von ihrem messerscharfen Verstand, zog Dr. Schwarz erneut seine Augenbrauen hoch und lachte: »Sie haben absolut recht! Es ändert aber nichts an der Tatsache, dass das viel Zeit in Anspruch nimmt. Zeit, die ich einfach nicht habe. Es tut mir leid, Frau Bowers, aber ich muss zurück an die Arbeit. Vielen Dank für Ihren Besuch. Ich bin begeistert, Ihre Bekanntschaft gemacht zu haben, und wünsche Ihnen viel Glück. Sie werden mit großer Sicherheit Berge in Ihrer Karriere versetzen!«

Er stand von seinem Schreibtischstuhl auf. Das war wohl ein Zeichen, dass Lily jetzt gehen sollte. Traurig steckte sie die Sachen wieder in ihre Tasche und stand auf. »Vielen Dank, Dr. Schwarz. Ich weiß es wirklich zu schätzen, dass Sie sich die Zeit für mich genommen haben.« Er begleitete sie noch zur Tür.

Alleine vor dem kalten, massiven weißen Gebäude stehend, spürte sie das Gewicht der Tasche schwer auf ihren Schultern. Frustriert zerrte sie sie herunter und warf sie auf den Boden. Sie sackte über ihrer Tasche zusammen. Mit den ersten Tränen erwärmte sich auch ihr Körper wieder. Leise schluchzend stand sie auf und ging zur Bushaltestelle.

Während sie auf einer Bank wartete, setzte sich eine alte Frau neben Lily. Sie trug einen schwarzen Umhang. Ihre vielen tiefen Falten und ihr weißes, krauses, verheddertes Haar erinnerten Lily irgendwie an ihre Urgroßmutter, die vor Kurzem gestorben war.

Stundenlang hatte Lily immer bei ihr gesessen und den Geschichten aus ihrer Vergangenheit zugehört. Meist waren es Geschichten aus der Zeit des Zweiten Weltkrieges, erzählt aus der Perspektive eines neunjährigen Kindes, das in Deutschland lebte. Ihre Omi, wie Lily sie immer nannte, sprach oft davon, wie dankbar sie für die wenigen Dinge gewesen waren, die sie hatten. Und das war wirklich nicht viel.

Eine Mahlzeit mit Fleisch war Luxus pur und ein Zeichen des Wohlstandes. Wenn sie Glück hatten, gab es das einmal in der Woche. Omi erzählte auch Geschichten über die amerikanischen Soldaten, wie sie an sie und ihre Freunde Handzettel, Kartoffeln oder Süßigkeiten verteilt hatten.

Ein freundlicher Soldat gab ihr sogar mal ein Buch, ›The Wonderful Wizard of Oz by L. Frank Baum‹. Sie konnte es nicht lesen, weil es auf Englisch geschrieben war. Aber sobald sie genug Geld gespart hatte, kaufte sie sich die deutsche Ausgabe vom ›Zauberer von Oz‹ bei einem lokalen Buchhändler und verschlang es an einem Wochenende. Kurz vor ihrem Tod schenkte sie Lily beide Bücher. Als sie starb, blieb Lily eine ganze Nacht lang wach und las es unter ihrer Bettdecke im Schein einer Taschenlampe. Es war ihre Art, Danke zu sagen.

Schnief, schnief. Lilys Nase war verstopft und Tränen liefen ihr die Wangen herunter.

Die alte Frau summte leise. Das beruhigte sie. Es war eines dieser alten deutschen Kinderlieder, die Omi Lily abends immer vorgesungen hatte: ›Schlaf, Kindlein, Schlaf.‹ Lily begann auch zu summen. Die Frau lächelte, und sie summten zusammen, bis der Bus kam.

Während der Fahrt kreisten ihre Gedanken um Omi. Fast hätte sie den leichten Stupser auf ihrer Schulter nicht bemerkt. Die freundlichen Augen der alten Frau sahen sie an und deuteten auf das Anzeigeschild vorne im Bus. Es war Lilys Haltestelle! Sie musste jetzt aussteigen.

14

DIE SCHLECHTE NACHRICHT

Als Lily den Bus verließ, bemerkte sie, dass die alte Frau auch ausstieg. Sie nickten einander zu und gingen dann in verschiedene Richtungen davon.

Lily hätte nicht langsamer laufen können. Sie wollte ihrem Team von neuen Freunden eigentlich nicht mitteilen, dass sie versagt hatte. Heute Abend war es aber auch schon zu spät dafür. Sie würde also bis morgen warten.

»Buh!« Till sprang vor ihr auf den Weg.

»Oh, hör bitte damit auf! Du hast mich erschreckt!« Sie freute sich zwar, ihn zu sehen, war aber zu traurig, um es ihm zeigen zu können.

»Ist alles in Ordnung?«, fragte er.

»Ja, ich bin nur ein bisschen traurig, das ist alles.«

»Warum, was ist schiefgelaufen?«

»Nur ein schlimmer Schultag. Sonst ist alles gut«, antwortete sie.

»Okay, wenn du meinst, Lil.«

Ihre feinen Armhärchen stellten sich vor Verzückung auf. Sie liebte es, wenn er sie Lil nannte. »Mir geht es wirklich gut, danke fürs Fragen. Die weiterführende Schule ist halt ganz anders als die Grundschule. Ich vermisse meine alte Schule.«

»Das verstehe ich. Ich habe fast ein ganzes Jahr gebraucht, um mich einzugewöhnen. Aber jetzt, wo ich in der siebten Klasse bin, ist alles viel leichter geworden. Nicht etwa die Hausaufgaben oder die Tests, aber der Rest. Ich denke mal, dieses Jahr wird dein Mühsamstes sein!«

»Uff, das höre ich nicht gerne. Aber du bist ein schlauer Kerl. Du konntest und kannst damit umgehen.«

Till wurde knallrot. Er wusste, dass er nicht dumm war. Eigentlich war er sogar ein kleines Genie, denn er gab jetzt schon Neuntklässlern Nachhilfe in Biologie und Mathematik. Aber jedes Mal, wenn Lily ihn daran erinnerte, wurde er verlegen.

»Vielen Dank. So, da sind wir. Zu Hause ist es doch am schönsten. Bestelle deinen Eltern liebe Grüße von mir. Gute Nacht! Bis morgen!« Und weg war er.

Die nächsten Tage waren quälend für Lily. Nicht nur, dass sie sich schuldig fühlte, weil sie Dr. Schwarz nicht hatte überzeugen können. Nein, sie fühlte sich schrecklich, weil sie nicht in den Wald gegangen war, um ihrem Team zu erzählen, wie es gelaufen war.

Ralph sprach ihr Mut zu. Aber sie konnte es einfach nicht. Sie hätte es nicht ertragen können, in ihre enttäuschten Gesichter zu sehen, egal, was Alo ihr dazu gesagt hatte.

Auf dem Heimweg von der Schule fragten Eva und Till, ob sie mit ihnen in die Rollschuhbahnhalle gehen wollte. »Nein, ich habe noch Hausaufgaben zu machen, und ich möchte mich nicht am Wochenende darum kümmern müssen. Aber viel Spaß«, antwortete Lily leise.

Sie schlenderte lustlos weiter. *Aber das kann ja nicht sein!* Vor ihr stand die alte Dame in ihrem Umhang.

»Oh! Hallo! Da ist ja das süße Mädchen wieder. Wie geht es dir heute?«, fragte sie.

»Gut, ich bin nur ein bisschen traurig, aber sonst ist alles in Ordnung.« Lily runzelte die Stirn. Es überraschte sie, dass sie ihre Traurigkeit einer völlig Fremden mitteilte.

Die Dame blieb stehen, zog die Kapuze ab und sah Lily direkt an.

Ihre strahlend grünen Augen hatten eine faszinierende Kraft, die selbst eine Schlange vom Zubeißen abhalten würde.

»Es ist okay, traurig zu sein, meine Liebe«, sagte die alte Dame. »Du kannst nicht die ganze Zeit glücklich sein. Denn wenn du es wärst, würdest du es nicht zu schätzen wissen. Denke immer daran, dass du viele Freunde um dich herum hast, die für dich da sind und dich anspornen. Ob du erfolgreich bist oder nicht. Sie sind nachsichtig und lieben dich. Was auch immer passiert.«

»Glauben Sie wirklich, dass das wahr ist?«, fragte Lily.

»Ich bin schon länger da, als du dir vorstellen kannst. Ich denke nicht, dass es wahr ist. Ich weiß, dass es wahr ist!«

Lily seufzte und lächelte sie an. »Vielen Dank. Ich würde gerne den Rest meines Heimweges mit Ihnen gehen, aber ich habe mich um eine sehr wichtige Sache zu kümmern. Ich hoffe, Sie bald wiederzusehen.«

»Das würde mich wirklich freuen. Pass auf dich auf«, sagte die alte Dame, als Lily weiterging.

Lily hielt nicht einmal zu Hause an, um ihre Tasche abzustellen. Sie ging direkt in den Wald und schrieb ihrer Mutter, dass sie ein wenig später heimkommen würde.

»Aaaaaaaoooooooouuuuuuuu.«

In weniger als einer Minute hatte sich ihr Team vor ihr versammelt. Viele neugierige Blicke waren auf sie gerichtet, als sich Lily dafür entschuldigte, dass sie sie alle so lange hatte warten lassen. Und sie erzählte ihnen auch, wie viel Angst sie davor gehabt hatte, sich ihr Versagen einzugestehen.

»Warum denkst du, dass du versagt hast, Lily?«, fragte Jakob. »Wir haben nicht erwartet, dass du die Welt an einem Tag veränderst. Es braucht Zeit, viel, viel Zeit. Wir haben doch gerade erst angefangen. Du wirst auf diesem Weg stolpern und Rückschläge erleben, genau wie wir alle mal straucheln.« Die anderen Tiere nickten dem Fuchs zustimmend zu.

Er fuhr fort: »Weißt du, wie viele Versuche ich brauche, um ein Kaninchen zu fangen? Manchmal muss ich nach Hause gehen, ohne Essen für meine Familie zu haben. Dann fühle ich mich schrecklich. Aber das hindert mich nicht daran, es am nächsten Tag erneut zu versuchen.«

»Aber mein großes Ziel ist es, diese Labore dazu zu bringen, keine Tierversuche mehr zu machen. Ich habe meine Zeit mit dieser dummen Präsentation verschwendet. Ich habe auch eure Zeit verschwendet, um einen Plan auszuarbeiten. Alles umsonst. Und um ehrlich zu sein, habe ich keine Ahnung, was jetzt zu tun ist«, gestand Lily.

»Wir auch nicht, aber das ist in Ordnung. Wir werden es zusammen herausfinden. Erzähl uns von deinem Treffen«, huhte Sam.

Lily schilderte genau, was sie zu Dr. Schwarz gesagt hatte und warum er nicht bereit war, ihnen zu helfen.

Trixi, unterbrach sie. »Lass mich das mal klarstellen: Obwohl er Veränderungen sehen möchte, ist er nicht dazu bereit, etwas dafür zu tun. Es hört sich so an, als wäre er einfach nur faul.«

»Er sagte, er habe weder Zeit noch Energie. Ich höre das viele Erwachsene sagen«, ergänzte Lily.

»Dieser Laborleiter scheint eine harte Nuss zu sein, die wir heute nicht knacken werden«, krächzte Rae. »Wie du schon gesagt hast, Lily. Viele andere werden genauso denken. Das ist eine große Herausforderung. Wir sollten uns nächsten Samstag wieder treffen. Das sollte uns genügend Zeit geben, um unsere Gedanken zu ordnen und uns einen neuen Plan auszudenken.«

»Ich werde mich mit Alo beratschlagen, während wir uns abwechselnd um Mutter Natur kümmern«, sagte Alpina.

»Um Mutter Natur kümmern? Was stimmt nicht mit ihr?« Lily schnappte nach Luft.

»Sie ist jetzt sehr schwach. Wenn sich die Jahreszeiten ändern, ist sie am verletzlichsten. Ihre Blätter beginnen sich zu verfärben, und bald werden sie alle abfallen. Sie hat diesmal nicht genug Kraft, den kommenden kalten Winter zu überstehen. Es wird der erste Winter sein, in dem sie nicht genug Federn hat, um sich warm zu halten.«

»Wie kann ich helfen?«, fragte Lily.

»Schicke ihr einfach deine Liebe und behalte Hoffnung in deinem Herzen«, antwortete Alpina. »Wir müssen sie beschützen. Die einzige Möglichkeit, das zu tun, ist, bei ihr zu sein und unsere Geschichten und Erinnerungen mit ihr zu teilen. Wir müssen ihr unsere bedingungslose Liebe und Hingabe zeigen.«

»Oh, verstehe. Ich wollte sie heute eigentlich sehen und ihr erzählen, was passiert ist«, sagte Lily traurig.

»Sie weiß es schon.« Alo setzte sich zu Lily. »Du hast es vielleicht nicht bemerkt, aber sie war die ganze Zeit bei dir.«

»Ist sie sauer auf mich?«

»Sicher nicht! Sie ist sehr stolz auf dich. Sie kann nur jetzt nicht kommen. Aber du wirst sie bald wiedersehen. Ich bin auch sehr stolz auf dich. Nach allem, was ich gehört habe, hast du eine erstaunliche Präsentation abgeliefert. Ich bin überzeugt, dass du auch im Herzen des Laborleiters Spuren hinterlassen hast.«

Alo stand stolz vor ihr. Er hielt seinen Kopf so hoch erhoben, dass er so groß wie Lily war. »Komm, lass uns gehen.« Er stupste sie ein wenig weg von der kleinen Versammlung, die sich dann auch schnell in alle Richtungen zerstreute.

»Weißt du, Lily, wenn ich es nicht besser wüsste, würde ich

nicht denken, dass du ein Mensch bist. Mit deiner Weisheit, deinem Charme und deinen Eigenschaften bist du für mich eher ein Wolf. Ich würde dich jederzeit in meiner Familie aufnehmen!« Alos Stimme brach.

Lily sah ihn an und bemerkte eine kleine Träne, die an seinem Gesicht herunterlief.

Können Wölfe überhaupt weinen?

»Es gab Menschen, die im Laufe der Zeit von Wolfsfamilien aufgenommen worden waren, wenn auch nicht viele. Wir haben Angst vor den meisten Menschen. Nicht jedoch vor dir. Du hältst inne, um die Schönheit der Natur wahrzunehmen. Du verstehst die Magie dieses Waldes, verbringst Zeit damit, dich um verletzte Tiere zu kümmern oder Tieren in Not zu helfen. Auch wenn es nur ein Käfer ist. Es ist selten, Menschen zu finden, die so klar und respektvoll mit allen kommunizieren.«

»Oh, aber ich kenne viele Menschen, die das alles auch tun«, antwortete Lily. »Meine Eltern haben mir beigebracht, freundlich und respektvoll zu jedem Lebewesen zu sein.«

»Ja, ich weiß. Sie haben dir viel Gutes beigebracht.«

Sie hielten an der Hecke zu Lilys Garten an und er drehte sich zu ihr um. »Bitte denke daran, dir heute Abend wieder die Münze anzusehen.« Alo schien zu wissen, dass sie es mehr als einmal vergessen hatte. »Wenn du mich brauchst, heul einfach und ich werde kommen. Gute Nacht.«

Lily ging lächelnd nach Hause. Ihre fröhlichen Gedanken verschwanden, als sie sich Mutter Natur in ihrem gebrechlichen Zustand vorstellte. Diese Vorstellung betrübte sie sehr.

Wechselnde Jahreszeiten, kalter Winter, keine Federn? Wie wird sie diesen Winter überleben? Kann Mutter Natur wirklich sterben?

So viele Gedanken und Fragen gingen Lily durch den Kopf. Sie wünschte sich nichts sehnlicher, als in der Lage zu sein, ihr zu helfen. Allerdings musste das vor Wintereinbruch geschehen, und es war schon Ende September. In nur zwei Monaten würde es richtig kalt werden.

Lily, Eva und Till verbrachten den Samstagmorgen zusammen im Park. Sie genossen die frische Herbstluft des Septembers und den Anblick des herumwirbelnden Laubes.

Diese herbstliche Stimmung gab Lily wieder Kraft. Wie anmutig sich die Natur selbst darauf vorbereitete, in einen tiefen Schlaf zu fallen, um dann wie eine sprudelnde Quelle neues Leben zu schaffen!

Das Herumspringen im großen trockenen Haufen von Herbstlaub wurde in dieser Zeit zur täglichen Gewohnheit. Aber nur, wenn die Blätter trocken waren, machte es wirklich Spaß. Nasse Blätter waren eklig.

Und dann kam auch bald wieder Halloween, ihr Lieblingstag im Jahr! Es war so schön, sich ein Kostüm auszudenken und sich zu verkleiden. Ihre Mama würde sie wieder verrückt schminken. Und dann würden sie durch die Nachbarschaft ziehen und jeden erschrecken, der ihnen die Tür öffnete. Wann sonst konnte man so viel Spaß haben? Ganz zu schweigen von all den Süßigkeiten!

Halloween wurde in den USA allerdings ein wenig anders gefeiert. Sie erinnerte sich an die niedlichen Kostüme, die sie getragen hatte. Einmal ging sie als Marienkäfer und ein anderes Mal als Prinzessin. Natürlich war sie damals viel jünger, aber die Kostüme in Deutschland sahen gruseliger aus. Sogar die für kleine Kinder. Hier gab es selten süße Halloween-Kostüme zu sehen. Denn der Zweck von Halloween lag ja darin, die bösen Geister zu erschrecken und nicht, sie mit niedlichen Verkleidungen anzulocken. Zu den am häufigsten getragenen Kostümen gehörten hier Zombies, Werwölfe und sogar Serienmörder. Die hatten ihr anfänglich einen totalen Schrecken eingejagt. Aber diese Zeiten waren nun vorbei.

»Ich verkleide mich dieses Jahr als Mumie.« Eva sah Lily an, als erwarte sie Zustimmung.

»Oh, ja, eine Mumie ist gut. Ich denke, ich werde dieses Jahr als Hirschzombie gehen und mich auf dem Tierfriedhof herumtreiben, hahaha! Und du, Till?«, fragte Lily.

»Ich werde mich als Tornado verkleiden, der jedermanns Haus niederreißt.«

»Wie willst du das denn anstellen?«, fragte Eva spöttisch.

»Ich habe mir schon alles überlegt. Es ist wirklich nicht so schwer. Man muss nur ein wenig kreativ sein.«

15

SCHWEIGEN IST GOLD

Nachdem sie noch eine Weile über die getrockneten Blätter geschlittert waren, schlug Till den Mädchen vor, den Park zu verlassen und bei ihm zu Hause weiterzuspielen. Beide quietschten vor Freude.

Tills Garten glich einem Vergnügungspark. Es gab dort eine Kletterwand, eine fünfzig Meter lange Seilbahn, einen Basketballkorb, zwei Fußballtore und einige andere lustige Gartenspielzeuge.

Seine Mutter hatte ein großes Stück Land geerbt, auf dem sie drei Schweine, zwei Kühe und fünf Hühner hielten. Sie hatten die Tiere aus furchtbaren Bedingungen vor den früheren Besitzern gerettet. Außerdem gehörte ihr noch ein sehr großer gepflegter Gemüsegarten mit vielen Obstbäumen darin.

Lily liebte es, wenn Till mit einem Korb voller Allerlei vorbeikam: Äpfel, Bohnen, Maiskolben, Tomaten und viele andere Sachen. Ihre Erdbeeren und Blaubeeren waren die besten, die man kriegen konnte. Till machte aus diesen Lieferungen immer etwas ganz Besonderes.

Einmal hatte er sich als Rotkäppchen verkleidet und

gefragt, ob der große böse Wolf drinnen sei und die Großmutter fresse. Lilys Vater hatte so heftig gelacht, dass er sich dabei verschluckte. An diesem Abend hatte Till nicht nur eine Einladung zum Abendessen erhalten. Ihr Vater war ein paar Wochen später als Eichhörnchen verkleidet bei Till erschienen, um ihm und seiner Familie frische Walnüsse aus dem eigenen Garten zu bringen.

In Tills Familie wurde nur das gegessen, was sie selbst angebaut hatten oder was von einem regionalen Bio-Bauernhof kam. Till aß auch nie das Kantinenessen. Er holte sich zwar in der Cafeteria immer etwas zu trinken, hatte aber ein eigenes Lunchpaket dabei. Das sah so gut aus und schmeckte höchstwahrscheinlich auch noch viel besser als das, was sie mittags in der Schule bekamen.

Ihr knurrender Magen erinnerte Lily daran, dass sie seit dem frühen Morgen nichts gegessen hatte. Aber es war noch nicht Zeit fürs Essen. Es war Spielzeit.

»Los, ihr beiden! Lasst uns Seilbahn fahren! Und hey, wo ist eigentlich dein Hund?«, fragte Lily.

»Sie ist hier irgendwo. Nala! Nala! Komm her, Mädchen!«

Aus den Büschen stürmte ein schokoladenfarbener Labrador hervor und blieb hechelnd vor Till stehen. Sie schnaufte, und ihre Glupschaugen schienen wie immer zu sagen: »FÜTTERE MICH!«

»Gutes Mädchen! Hol deinen Ball«, rief Lily lachend und beobachtete, wie Nala verzweifelt nach ihrem Ball suchte.

»Sie ist so albern! Wie alt ist sie jetzt?«

»Vier Jahre und sechs Monate. Sie ist ein Schatz, aber manchmal auch ganz schön verrückt. Man muss sie einfach lieben.«

»Ich wünschte, ich hätte einen Hund oder eine Katze. Aber ich bin froh, dass ich Ralph habe, obwohl der nicht so kuschelig ist.«

»Ich liebe Ralph!«, mischte sich Eva ein. »Ich wünschte, ich könnte ein Haustier haben. Meine Mutter erlaubt es mir leider nicht. Sie ist allergisch gegen Katzenhaare, hat keine Zeit für einen Hund und weiß auch sonst nicht, wie man sich um Tiere kümmert. Sie sagt immer, wir hätten dafür keine Zeit. Aber ich hätte viel Zeit, mich um ein Haustier zu kümmern.«

»Du kannst immer mit Nala spielen, wenn du willst. Lasst uns jetzt Seilbahn fahren!« Till rannte zum Reifen der Seilbahn, sprang auf und löste das angebundene Halteseil. Nala rannte ihm nach, den Ball immer noch im Maul und immer bereit Fangenzuspielen.

Für ungefähr eine Stunde fuhren sie Seilbahn, warfen Basketballkörbe und spielten ein wenig Fußball. »Mädchenfußball«, amüsierte sich Till immer.

»Essen ist fertig!«, rief Tills Mutter laut von der Terrasse. Lilys Herz explodierte fast. Sie hielt mitten im Schwung inne und rannte so schnell auf das Haus zu, dass sie über Mia stolperte. Tills Katze lag ausgestreckt auf der Veranda und machte ein Nickerchen. Erschrocken über ihre eigene Ungeschicklichkeit miaute Lily: »Es tut mir leid, Mia. Bitte verzeih mir.«

»Ist schon okay. Ich liebe das Essen hier auch und renne immer los, ohne nachzudenken, wenn es etwas zu Futtern gibt«, lachte Mia.

»Was hast du gesagt? Es klang, als hättest du dich mit Mia unterhalten«, unterbrach sie Tills Mutter.

Lily suchte nach einer Erklärung und antwortete: »Ach nichts. Ich habe mich nur bei Mia entschuldigt, weil ich über sie gestolpert bin.«

Sie war erleichtert, dass seine Mutter nicht weiter fragte. Umsichtig, aber flink ging Lily zum Tisch. Die drei starrten fast sabbernd auf ihre Teller. Was für eine Mahlzeit! Hausgemachter Kartoffelkuchen mit Hack und eigenem Gemüse!

Bei Till zu Hause schmeckte alles so viel besser. Nicht, dass ihre Eltern nicht kochen konnten, aber Tills Mutter war zweifellos die beste Köchin, die sie kannte.

Nach dem besten Kartoffelkuchen, den Lily je gegessen hatte, spielten sie weiter, bis es dann Zeit fürs Abendessen zu Hause war. Zum Pizza-Abend wollte sie nicht zu spät kommen.

Während sie das erste Stück Pizza verdrückte, fragte Lily: »Mama, können wir unsere Lebensmittel auch wie Till beim Bio-Bauernhof kaufen?«

»Wir haben darüber schon ein Dutzend Mal gesprochen, Liebes. Wir sind nicht Tills Eltern und haben weder das Geld noch die Zeit, um so zu Kochen wie seine Mutter. Ich weiß, dass sie eine Meisterköchin ist, und es tut mir leid, dich zu enttäuschen. Wir geben unser Bestes.«

»Ich weiß. Aber es ist wirklich nicht viel teurer. Du sprichst doch auch immer über die Qualität von Produkten. Das Essen schmeckt dann einfach so viel besser, und die Tiere werden auf Bio-Bauernhöfen besser behandelt. Bitte bitte!«

»NEIN, Lily. Es ist genug! Iss deine Pizza und sei zufrieden mit dem, was du hast.« Lily spürte den Blick ihrer Mutter im Nacken und hielt ihren Kopf für den Rest der Mahlzeit gesenkt.

An diesem Abend spielte Familie Bowers zuerst Karten. Dann machten sie Popcorn und schauten sich einen Zeichentrickfilm an. Lily war aber nicht bei der Sache. Noch immer verärgert über die Reaktion ihrer Mutter, wälzte sie sich nach dem Film vom Sofa, sagte »Gute Nacht« und stapfte dann nach oben.

Als sie sich die Zähne putzte, bemerkte sie, dass Ralph auf ihrem Nachttisch war und die darauf liegende Münze anstarrte. »Komm her, Lily. Ich habe ein sonderbares Gefühl. Bei der Münze verändert sich etwas, glaube ich.«

Ach nein! Lily hatte letzte Nacht vergessen, sie zu kontrollieren, obwohl Alo sie darum gebeten hatte. Sie hastete zum Tisch und betrachtete die Münze genau. Der Kreis der Hände war wieder zu sehen. Anscheinend hatte sich seit dem letzten Mal nichts geändert. *Puh!* Sie konnte es sich definitiv nicht erlauben, irgendetwas zu verpassen.

»Es passiert etwas«, quiekte Ralph.

Lily sah genau hin, wie sich die Münze langsam veränderte. Der Händekreis verwandelte sich in einen Pokal. Sie drehte sie um und las Ralph laut vor, was dort geschrieben stand: »Gewinnen können nur die, die mitspielen.«

»Hmm, na ja. Das ist naheliegend.« Sie verdrehte die Augen. Dann legte Lily die Münze weg und kroch ins Bett.

»Wach auf. Wach auf. Wir wollen früh los.« Ihre Mutter schüttelte Lily sanft an der Schulter.

Lilys Eltern hatten ein paar Jahre zuvor ein Kanu gekauft, mit der Absicht, mindestens einmal im Monat eine Kanufahrt zu unternehmen. Das ging leider nicht immer. Heute aber strahlte die Sonne, und es war ein perfekter Tag für solch einen Ausflug.

Als sie an einem Flussbett anlegen wollten, um zu Mittag zu essen, musste Lily herausspringen und das Kanu über eine flache Stelle ziehen. Dabei bemerkte sie einen kleinen Fisch, der zwischen zwei am Boden liegenden Steinen feststeckte. Sie bewegte sie ein wenig, um ihn zu befreien.

»Gern Geschehen«, blubberte Lily dem Fisch zu. Der antwortete demütig: »Ich danke dir.«

»Was hast du gesagt?« Lilys Vater verzog seine linke Augenbraue.

»Ich habe gerade ›gern geschehen‹ zu dem Fisch gesagt, weil ich ihm geholfen habe.«

»Es klang für mich eher nach blubb, blubb, blubb. Seit wann sprichst du Fischisch?«, kicherte ihr Vater.

Lily lachte und sah ein, wie verrückt das klingen musste.

Puh, ich sollte besser vorsichtiger sein.

Das war das erste Mal, dass ihre Eltern mitbekamen, wie sie mit einem Tier sprach. Ausgenommen mit Ralph natürlich.

Während dieser Tour war es jedoch nicht das einzige Mal.

Lily pfiff einer Taube »Guten Morgen« zu, als die über ihren Kopf flog. Ihre Eltern hatten das aber sicherlich nicht bemerkt, denn Lily pfiff oft.

Dann, beim Aussteigen aus dem Kanu wäre sie fast auf einen Frosch getreten. Sein Warnsignal war laut genug für alle hörbar. Lily bat ihn vielmals um Entschuldigung. Ihre Eltern blieben stehen und starrten sie an.

»Was um alles in der Welt ist los, Lily? Du machst schon den ganzen Tag so seltsame Geräusche. Wirst du krank oder sitzt dir ein Furz quer? Wir sind eine Familie, also mach ruhig weiter! Lass einfach alles raus!«, lachte ihr Vater.

Lily mochte es, wie ihr Vater sie oft aus unmöglichen Situationen rettete. Auch wenn Pupsen nicht gerade etwas war, womit sie in Zusammenhang gebracht werden wollte. Aber sie wusste, dass er solche Dinge nie vor anderen aussprechen würde.

»Du bist der Beste, Dad, weißt du das?« Lily umarmte ihn fest. »Mach mal, drücke die ganze Luft aus mir raus.«

Dann paddelten sie weiter den friedlichen Fluss hinunter. Die einzigen Geräusche, die das Flussbett nun erfüllten, war der Chor der Vögel und das Platschen der Fische, die aus dem Wasser sprangen, um die knapp über der Wasseroberfläche fliegenden Insekten zu fangen.

»Ich wünschte, wir könnten das jedes Wochenende machen«, seufzte Lily.

»Wir auch, Liebes.« Ihre Mutter streichelte über ihr Haar.

»Hey! Seht euch diesen Baum an!« Ihr Vater zeigte auf eine große Weide. Ihre langen gewellten Zweige berührten fast die

Wasseroberfläche. »Er sieht fast aus wie ein Engel, der uns anlächelt.«

Im selben Moment, in dem sie ihm die Anmut des Baumes bestätigten, trennte ein Windstoß dessen Zweige. Er schien sie in die geschützte Höhle einladen zu wollen, deren Eingang nun am Stamm sichtbar geworden war. Als Lily hineinpaddelte, spürte sie einen Strudel aus Energie durch ihre Arme fließen. Die Zeit schien still zu stehen, während sie schweigend dasaßen, hypnotisiert vom wiegenden Haar der Weide.

Sie spürte ein Kitzeln im Nacken und fand eine Weidensträhne, die sich in ihrem Haar verfangen hatte. Vorsichtig zog sie sie heraus und ließ sie los. Aber sie fiel nicht herunter. Die Strähne schwebte in der Luft und folgte langsam dem Verlauf des Flusses dorthin, wo ein schwaches Licht im Wasser leuchtete.

Das Licht schien aufzutauchen. An der Oberfläche verwandelte es sich in etwas, das einem Gesicht glich. Und ja! Mutter Naturs Abbild lächelte Lily strahlend an. Lily lächelte zurück.

Ihr Lächeln verschwand schnell, als sie daran dachte, dass sie nicht allein war. Sie biss die Zähne zusammen und drehte sich langsam um. Nur, um zu sehen, ob ihre Eltern das überhaupt mitbekommen hatten. Doch die lehnten mit geschlossenen Augen aneinander.

Das war knapp!

Als sie sich wieder umdrehte, um sich Mutter Natur noch einmal anzusehen, waren sie und das Licht schon wieder verschwunden. Nur die Weidensträhne bewegte sich immer noch über der Wasseroberfläche auf und ab.

Eine Libelle sauste an ihrem Kopf vorbei und summte: »Es ist sooo schön, dich kennenzulernen, Lily. Danke für deine Hilfe!«

Ruhe durchdrang ihren Körper, als sie ihren Kopf in den Schoß ihrer Mutter legte. Sie schloss die Augen und genoss das sanfte Auf-und-Ab-Schaukeln des Kanus.

»Aufwachen.« Lilys Mutter massierte sanft ihren Kopf. »Wir sind alle eingeschlafen. Jetzt ist es Zeit, nach Hause zu fahren.«

Lily sah auf ihre Uhr. Es war schon drei. Sie hatten über eine Stunde geschlafen.

Auf dem Weg zurück zur Anlegestelle war alles von friedlicher Stille erfüllt.

16

FINDE DEINE BESTIMMUNG

Nachdem die Familie zu Abend gegessen hatte, ging Lily erschöpft in ihr Zimmer. Ralph streckte wissbegierig den Kopf aus seinem Panzer, um von Lily zu erfahren, wie der heutige Ausflug verlaufen war. Er lauschte ihren Erzählungen über die Gespräche mit den anderen Tieren, die Einladung des Weidenbaumes und das Erscheinen von Mutter Natur.

»Weißt du, Lily, ich habe in der Vergangenheit viele Male versucht, mit dir zu reden. Aber du hast mich nie verstanden. Einmal habe ich dich gefragt, ob du mich auf den Schreibtisch setzen könntest, während du deine Hausaufgaben machst. Du hast mich stattdessen zum Waschbecken gebracht und mich Wasser trinken lassen. Ein anderes Mal habe ich gefragt, ob du mir ein bisschen Löwenzahn geben könntest. Aber du hast mich an den Teich gesetzt, damit ich schwimmen konnte. Irgendwann habe ich es aufgegeben und mich nur auf meine Gedankenkraft konzentriert. Das schien mir der bessere Weg zu sein.

Erinnerst du dich noch, als du für eine Mathematikarbeit in der dritten Klasse gelernt hast? Du hast mich gefragt, wie man diese Multiplikationsaufgabe lösen könnte. Ich wusste die

Antwort, aber ich wollte, dass du es selbst herausfindest. Also habe ich dir meine Gedanken geschickt. Drei Minuten später bist du aufgesprungen und hattest das Problem gelöst.«

»Ja wirklich? Ich hatte ja keine Ahnung! Warte mal! Als mein Vater dich als Willkommen-in-Deutschland-Geschenk mitgebracht hat, hast du da versucht, mit mir zu sprechen? Ich erinnere mich, dass du viele Geräusche gemacht hast. Du warst ja noch ein Baby. Ich dachte, dass das für eine Schildkröte normal ist. Und als ich meine Eltern gebeten habe, sich das mal anzuhören, hast du keinen Muckser mehr gemacht.«

»Ja, mir wurde gesagt, ich sollte nicht vor deinen Eltern reden. Also habe ich immer dann meinen Schnabel gehalten, wenn sie in der Nähe waren. Sobald wir unter uns waren, wollte ich dir davon erzählen, wie dein Vater mich vor den Gefahren einer belebten Straße gerettet hatte. Mein vorheriger Besitzer wollte mich anscheinend nicht mehr haben und hat mich am Straßenrand ausgesetzt. Aber kurz darauf hat mich dein Vater gefunden und mich zu dir gebracht.

Leider konnte ich dir das alles nicht erklären. Anstelle von klaren Worten kam nur Gestammel aus meinem Mund. Ich war eben noch ein Baby, und du warst selber erst sechs Jahre alt.«

Fasziniert von diesen neuen Erkenntnissen, versuchte Lily sich an weitere Begebenheiten in der Vergangenheit zu erinnern, bei denen sie versucht hatten, miteinander zu reden. Sie sprachen über andere Situationen, in denen sie sich nicht verstanden hatten, aber auch über ihre Träume und Ängste.

»Ich möchte einfach in einer Welt ohne Tiermissbrauch leben. Ist das zu viel verlangt? Aber ich denke, es wird immer so weiter gehen! Ich kann noch nicht mal meine Mutter dazu bringen, Bio-Lebensmittel zu kaufen. Wie soll ich dann Menschen davon überzeugen, keine Tierversuche durchzuführen? Wie kann ich dann die Tiere und Mutter Natur retten?«

Lily seufzte schwer. »Ich weiß jetzt, dass es nichts mit dem Alter zu tun hat. Und ich weiß auch, dass ich Freunde habe, die mir helfen werden. Aber trotzdem wird es nicht einfach, und ich bin jetzt schon müde. Ich will nur, dass das alles aufhört.«

Ralph senkte den Kopf und sagte nichts. Lily dachte, er wäre eingeschlafen, bis er den Kopf hob und sich streckte, um so nah wie möglich an sie heranzukommen. »Schließe deine Augen und stell dir dich in zehn Jahren vor. Schau auf Mutter Natur. Ist sie lebendig und geht es ihr gut? Wie geht es den Tieren um dich herum? Sind sie gut aufgehoben, frei und glücklich? Wie soll die Welt in zehn Jahren aussehen?«

Ein breites Lächeln erschien auf Lilys Gesicht, als sie sich eine Welt vorstellte, in der alle Tiere gesund und glücklich waren.

»Behalte diese Vorstellung vorerst in deinem Kopf.«

»Es ist ein großartiger Gedanke, aber noch ist es ein Traum. Ich weiß einfach nicht, wie wir ihn erfüllen können.«

»Vielleicht findest du Antworten in deinen Träumen. Jetzt geh ins Bett. Du hast morgen früh Schule, und ich bin auch erschöpft und sollte jetzt schlafen gehen.« Bevor Lily weiterreden konnte, hatte Ralph sich in seinen Panzer verzogen.

Am nächsten Morgen, auf dem Weg zu ihrer ersten Schulstunde, stolperte Lily über Eva. Ihre ganze Aufmerksamkeit galt diesem Plakat.

»Hey! Sei vorsichtiger!« Eva folgte ihrem Blick auf das neu im Schulkorridor aufgehängte Plakat. Der Titel lautete: »Finde deine Bestimmung«. Alle Schüler seien eingeladen, sich dafür zu bewerben, stand darunter.

Der Wettbewerb werde im November stattfinden. Angenommene Schüler sollten dort ihre Ideen präsentieren, die zu einer positiven Veränderung in der Welt führen könnten.

Der Gewinner werde nach Berlin eingeladen, um seine Idee dem Deutschen Bundestag vorzustellen und um Unterstützung bei diesen politischen Veränderungen von der Regierung zu werben.

»Das ist es!«, rief Lily.

»Was ist es? Wovon redest du?«, fragte Eva.

»Ich werde an diesem Wettbewerb teilnehmen. Und wenn ich gewinne, werde ich vielleicht in der Lage sein, Tierversuche in Deutschland endgültig zu stoppen!«, antwortete sie.

»Tierversuche?«, fragte Till. »Seit wann bist du eine Tierschützerin?«

»Seit ich herausgefunden habe, was sie unschuldigen Tieren antun. Es bricht mir das Herz.«

Lily berichtete davon, wie sie in den letzten Wochen über grausame Experimente recherchiert hatte, und sie erzählte ihnen auch von ihrem Besuch beim Labordirektor.

»Ich denke, das ist eine wunderbare Idee. Mach das! Wenn Du Hilfe brauchst, bin ich für dich da. Ich bin mir zwar nicht sicher, was ich tun kann, aber ich finde es auch nicht richtig, Tieren Schaden zuzufügen«, sagte Eva.

»Ich wäre mehr als glücklich, dir helfen zu dürfen«, sagte Till. »Vorletzte Woche habe ich mit meinen Eltern einen Dokumentarfilm über falsche Produktetikettierung gesehen. Dadurch haben wir herausgefunden, dass einige Hersteller, deren Produkte wir kaufen, zwar behaupten, ohne Tierversuche auszukommen, aber tatsächlich machen auch diese Firmen Tests an Tieren. Meine Mutter war extrem wütend und hat jeder dieser Firmen geschrieben. Bis heute haben wir keine Antwort erhalten.«

Die Glocke läutete. »Wir gehen jetzt besser. Aber lass uns später darüber reden. Ich habe zwar einige Ideen, könnte aber wirklich Hilfe gebrauchen. Vielen Dank!«

Nach der Schule trafen sie sich bei Lily. Sie zeigte ihnen ihre Präsentation und berichtete vom Treffen mit dem Labordirektor.

Eva und Till schauten einander ungläubig an, so überrascht waren sie von der Menge Arbeit, die Lily hinter ihren Rücken erledigt hatte. Normalerweise sprach sie über alles. Deshalb konnten sie nicht verstehen, warum Lily so ein Geheimnis daraus gemacht hatte.

»Es tut mir leid, aber ich hätte nie gedacht, dass ihr das versteht«, gestand Lily ihnen.

»Willst du mich veräppeln? Ich bin kein Tierschützer, aber du weißt, wie wichtig mir Tiere sind«, sagte Till. »Doch das spielt jetzt keine Rolle. Wir hätten dir sowieso nicht dabei helfen können, die Einstellung des Labordirektors zu ändern. Er tut nur das, wofür er bezahlt wird. Wir alle müssen aufhören, Produkte zu kaufen, die an Tieren getestet werden. Es gibt eine Menge Produkte, die ohne Tierversuche auskommen.«

»Das wird nicht so leicht sein, denkst du nicht auch?«, fragte Eva.

»Nicht wirklich! Es braucht nur ein bisschen Recherche, um die richtigen Produkte zu finden. Was die Sache schwierig macht, ist die Denkweise der Menschen. Die zu ändern wird hart. Aber was wäre, wenn wir nur eine Person motivieren? Diese eine Person kann möglicherweise eine weitere überzeugen. Du wirst die Einstellung aller nicht über Nacht ändern können. Wenn du es aber schaffst, den Blickwinkel von nur einer Person zu verändern, könnte der Schneeballeffekt erstaunlich sein«, antwortete Till.

»Deine Präsentation ist wirklich gut, Lily, aber ich weiß, wie wir sie noch besser machen können. Was wäre, wenn wir ein Video machen würden, anstatt nur Fotos zu zeigen? Ich habe eine annehmbare Videokamera und kann noch ein paar Computergrafiken einarbeiten, um sie ein bisschen aufzupeppen.« Tills Augen blitzten.

»Meine Mutter kennt jemanden, der sich ehrenamtlich für eine Tierrechtsorganisation engagiert. Vielleicht hat sie echte Filmaufnahmen von dem, was in diesen Laboren vorgeht? Ich werde sie fragen«, sagte Eva.

»Oh toll, das wäre unglaublich! Vielen Dank.« Lily war erleichtert, dass ihre Freunde bereit waren, ihr zu helfen. Ihre tierischen Gefährten waren spitze, aber wenn es darum ging, etwas am Computer zu machen, waren sie leider ziemlich nutzlos.

Nachdem ihre Freunde gegangen waren, setzte sich Lily an den Schreibtisch und starrte auf das Foto mit den toten Katzen im Wald. Zum Glück hatten ihre Freunde sie nicht gefragt, wo sie das Foto gemacht hatte, denn sie hätte noch keine Antwort parat gehabt.

Lily überlegte sich auch, dass es sinnvoll wäre, Filmmaterial über aktuelle Tests hinzuzufügen. Aber was war mit der Zukunft? Sie wollte zeigen, wie das Leben in mehreren Jahrzehnten aussehen könnte, wenn der Missbrauch der Natur und der Tiere so fortgesetzt werden würde. Wenn Mutter Natur sterben sollte oder nicht mehr in der Lage sein würde, sich um alles Leben auf dieser Erde zu kümmern.

Bilder von toten Tieren zu machen, wäre ziemlich einfach für sie. Sie hatte nur ihre Freunde im Wald bitten müssen, sich still hinzulegen. Aber wie sollte Till ein Video von einem toten Wald machen, wenn sie ihm nicht die ganze Wahrheit sagte? Sie brauchte wirklich ihre Hilfe, hatte aber immer noch Angst, ihnen alles zu erzählen. Mit Sicherheit würden sie sie auslachen.

Ein leises Brummen ließ sie plötzlich aufhorchen. Als sie in den Garten blickte, bemerkte sie ein schwaches Leuchten. Langsam bewegte es sich über den Rasen.

Was von Weitem wie ein Geist aussah, wurde immer klarer sichtbar, als es sich Lily näherte. Ihre schwache und welke Erscheinung trieb Lily die Tränen in die Augen.

»Es tut mir leid, dich so zu erschüttern, meine süße Lily. Das war nicht meine Absicht. Ich musste dich aber heute Abend besuchen, um dir etwas Wichtiges mitzuteilen: Es ist an der Zeit, deinen Freunden von mir zu erzählen«, flüsterte Mutter Natur mit sanfter Stimme.

»Ich glaube jetzt, dass sie es begreifen werden, und es wird deine Arbeit einfacher machen. Ich vertraue ihnen. Triff mich morgen im Wald. Bring deine Freunde mit – und die Videokamera.«

»Ja wirklich? Aber was ist, wenn sie mich auslachen und denken, dass ich verrückt bin?«, fragte Lily.

»Ich schätze sie nicht so ein. Sie wollen dir helfen, und ich glaube, es wäre gut, sie helfen zu lassen.«

»Ich danke dir sehr! Kannst du auch meine Gedanken lesen?«

»Nur, wenn ich muss«, sagte Mutter Natur. Dann glitt sie schweigend über Lilys Balkon und hinein in die Dunkelheit. Diesmal verschwand sie, ohne funkelnde Spuren zu hinterlassen.

Tränen liefen über Lilys Gesicht.

Sie atmete langsam und tief, um sich zu beruhigen. Schließlich musste sie Eva und Till noch eine Nachricht wegen des morgigen Treffens im Wald schicken.

»Ich werde da sein. Und hey, weißt du was? Die Freundin meiner Mutter sagte, dass es kein Problem sein sollte, Videoclips von ihrer Organisation zu verwenden. Sie müsse es aber noch mal überprüfen und werde sich dann im Laufe der Woche bei mir melden«, schrieb Eva zurück.

Till antwortete: »Mit Pauken und Trompeten und der Kamera in der Hand. Gut gemacht, Eva!«

Puh, zumindest muss ich mich nicht mehr drücken.

Auch Ralph atmete erleichtert auf. Wenn Eva da war, war es wirklich immer schwierig für ihn, still zu sein. Sie war neben Lily sein Lieblingsmensch.

Oh Gott, sie werden total ausflippen, wenn sie Mutter Natur und Alo treffen!

Der folgende Tag war ein Feiertag. Es war der 3. Oktober, der ›Tag der Deutschen Einheit‹. Nachdem sie ausgeschlafen hatte, genoss Lily ein langes, entspanntes Frühstück mit ihrer Familie. Dann holten Eva und Till sie ab.

Lily blieb vor dem kleinen Loch in der Hecke stehen, das zu ihrem Wald führte. Sie holte tief Luft, bevor sie Eva und Till fragte, ob sie für ein magisches Erlebnis bereit wären.

»Was auch immer, geh einfach. Wir sind direkt hinter dir«, antwortete Till ungeduldig.

»Hallo, Lily!« Es war das kleine Vogelbaby, das sie vor ein paar Wochen zum Tierarzt gebracht hatte.

»Oh, hallo! Du siehst ja wieder ganz gesund aus«, zwitscherte Lily zurück, bevor der Jungvogel weiterflog.

Till runzelte die Stirn, stupste Eva an und kicherte.

Lily fiel auf, dass sich die Bäume hin- und herbewegten, als sie an ihnen vorbeigingen. Fast, als würden sie ihre Freunde begrüßen. Ein kleiner lebhafter Baum beugte sich vor und berührte Eva an ihrem Kopf. Sie bemerkte es jedoch nicht einmal. Lily sah auf und schüttelte lächelnd den Kopf.

»Lasst uns hier anhalten«, sagte sie und setzte sich auf einen flachen Felsen am Flussufer.

Sie deutete Eva und Till an, sich ebenfalls zu setzen. »Heute werdet ihr ein paar meiner neuen Freunde kennenlernen. Aber bitte habt keine Angst. Sie sind jetzt auch eure Freunde und hier, um uns zu helfen. Außerdem brauchen sie unsere Hilfe, um zu überleben.«

»Was zum ...?« Till stellte sich aufrecht hin, die Augen weit aufgerissen und den Mund zusammengepresst. Er sah kampfbereit aus.

17

DER ZAUBERWALD

Lily blickte in die Richtung, in die auch Till starrte und sah Alo, der durch das dichte, die Bäume umgebende Buschwerk schlich.

»Ähm, da kommt ein Wolf auf uns zu. Bleib ruhig, sie können deine Angst spüren.« Er bückte sich und hob einen dicken Stock vom Boden auf. Mit dem fuchtelte er wild herum. Eva stand wie angewurzelt da.

Alo kam langsam näher und verdrehte die Augen, als er zu Lily schaute.

»Till, leg bitte den Stock weg und lerne Alo kennen. Zeig ein wenig Respekt. Er hat mir in den letzten Wochen geholfen. Er ist mein Freund.«

Till hielt den Stock weiterhin fest in der Hand.

Lily lief an ihm vorbei, um Alo zu begrüßen. Sie beugte sich vor und zeigte ihm die Zähne, damit er schnuppern konnte. Dann drehte sie sich zu Till um, der immer noch den Stock schwang. Genau so hatte ihr das ihre Mutter gezeigt, sollte sie jemals auf ein Wildschwein treffen.

»Hör auf! Bist du verrückt, Till? Bitte beruhige dich!«, bat Lily.

Der machte jedoch weiter.

»Im Ernst, es ist okay!«, sagte Lily etwas lauter. Sie wandte sich Alo zu.

»Beachte ihn einfach nicht. Er will mich nur beschützen.«

»Ehrlich gesagt habe ich nichts anderes erwartet«, murmelte Alo.

Lily ging zurück zu Till und legte ihre Hand auf den Stock. Endlich löste er seine Umklammerung und sie konnte das Ding wegwerfen. Dann nahm sie seine Hand und ging mit ihm zu Alo, damit sie sich endlich kennenlernen konnten.

Alo neigte seinen Kopf vor Till und setzte sich. Till verneigte sich auch, behielt Alo aber fest im Blick. Seine feurigen Augen waren weit geöffnet.

Lily sah zu Eva hinüber, die immer noch zitterte. Sie schien darüber nachzudenken, ob sie zu ihnen gehen oder doch lieber weglaufen sollte.

»Es ist alles in Ordnung, Eva. Komm her. Vertrau mir. Er ist so knuffig wie Tills Labrador.«

Eva ging vorsichtig zu ihnen rüber, ohne wirklich zu wissen, was sie tun sollte. Sie kniete sich unbeholfen vor Alo nieder, damit sie ihn auf Augenhöhe begrüßen konnte. Alo bewegte seinen Kopf langsam nach vorne, um an ihrem Mund zu schnuppern. Zitternd wich sie zurück.

Lily erklärte ihr, dass Wölfe sich durch gegenseitiges Beschnuppern der Zähne begrüßen. Mit einem leisen Kichern bewegte sich Eva vorwärts und öffnete weit ihren Mund.

»Mutter Natur fühlt sich heute nicht gut, will aber trotzdem deine Freunde kennenlernen. Sie kann nur nicht lange bleiben, denn sie braucht ihre Ruhe«, sagte Alo zu Lily.

»Das tut mir leid. Ich hoffe, wir können ihr rechtzeitig helfen.« Lily senkte den Kopf.

Sie bemerkte die verwirrten Blicke von Eva und Till und wandte sich den beiden zu. Jetzt war der Moment gekommen. Lily erklärte ihnen, dass sie mit Tieren sprechen konnte.

»Warte mal, du kannst mit jedem Tier in seiner eigenen Sprache reden? Und du kannst verstehen, was sie dir sagen? Mit jedem einzelnen Tier?«, fragte Eva.

»Soweit ich weiß, ja. Sogar mit Ralph. Aber das ist unser Geheimnis. Ihr könnt niemandem davon erzählen, nicht einmal deiner Mutter, Eva! Oder du deinen Eltern, Till!«

»Ich kann das nicht glauben«, sagte Till. »Ich wusste, dass du jemand Besonderes bist, Lily Bowers. Aber das ist unglaublich!«

»Warte nur, das ist nicht alles.« Als hätte Lily das Stichwort zum Heben des Theatervorhanges gegeben, erfüllte nun ein helles Licht den Himmel. Mutter Natur erschien und stieg langsam von den Baumwipfeln herab.

Selbst wenn sie krank ist und kaum noch Federn hat, ist sie wunderschön.

Lily drehte sich zu ihren Freunden um. »Ich möchte euch Mutter Natur vorstellen. Sie ist sehr krank und hat mich gebeten, ihr zu helfen. Nicht nur sie braucht Hilfe, sondern auch viele Tiere brauchen Mutter Natur. Immer wenn Tiere missbraucht oder getötet werden, wird sie schwächer. Normalerweise hat sie die Kraft, sich von selbst zu erholen. Aber da es jetzt viel mehr Tierquälerei als je zuvor gibt, kann sie sich nicht mehr erholen. Wenn das so weitergeht, wird sie nicht mehr lange in der Lage sein, über uns zu wachen. Sollte sie sterben, wird alles sterben, um was sie sich bis jetzt gekümmert hat. Das schließt natürlich auch die Menschen mit ein. Das Leben, wie wir es kennen, würde aufhören zu existieren.«

Mutter Natur versuchte, zu ihnen zu sprechen, aber es kam nur ein schwaches Flüstern aus ihrem Mund.

Eva bedeckte ihren Mund mit der Hand und begann zu weinen. Till starrte nur vor sich hin.

»Es ist erschütternd. Ich musste auch weinen, als ich Mutter Natur und Alo zum ersten Mal begegnet bin. Alo hat mich damals in der Nacht vor Schulbeginn besucht. Zuerst dachte ich, ich träume. Aber dann wurde mir klar, dass das alles andere ist als ein Traum.«

»In dieser Nacht habe ich herausgefunden, dass ich mit Tieren sprechen kann. Aber das ist nicht alles. Ich wurde auserwählt, Mutter Natur zu retten. Wenn ich genug Tiere rette, kann ich helfen, auch sie zu retten. Aber dabei brauche ich Unterstützung.«

Lily machte eine Pause, um tief Luft zu holen. Dabei sah sie Alo an, der zustimmend nickte.

»Meine neuen Freunde, die Waldbewohner, helfen mir. Eure Hilfe brauche ich aber auch. Ich glaube, dass, wenn wir diesen Schulwettbewerb gewinnen und unsere Ideen der Regierung vortragen würden, wir sie vielleicht, aber auch nur vielleicht dazu bringen könnten, Tierversuche zu verbieten. Ein Verbot für die Kosmetikindustrie allein reicht nicht aus. Wir brauchen dieses Verbot auch für Medizin und Wissenschaft. Also sind wir auf die Hilfe der Regierung angewiesen.«

»Ich werde alles tun, um zu helfen«, sagte Till. Eva nickte zustimmend. Sie schluchzte immer noch leise und war unfähig zu sprechen.

»Ich muss jetzt gehen«, flüsterte Mutter Natur. »Vielen Dank, Eva und Till, dass ihr unserer geliebten Lily helfen werdet. Wir setzen viel Vertrauen in sie. Und jetzt, wo ich euch getroffen habe, bin ich mir sicher, dass sie die richtigen Mitstreiter auf ihrer Seite hat. Melde dich Lily, wenn du Beistand brauchst. Du weißt, ich bin immer für dich da.«

Sie löste sich dieses Mal einfach in Luft auf. Dort, wo sie gestanden hatte, stieg ein Wirbel aus weißen Spritzern empor.

Eva sah auf. »Ich kann es nicht glauben, dass sie existiert! Wir haben alle von Mutter Natur gehört, aber wow, es gibt sie wirklich! Und sie ist so wunderschön!«

Mit belegter Stimme fuhr sie fort: »Ich kann es nicht ertragen, dass wir sie umbringen. Das ist viel schlimmer als die Scheidung meiner Eltern. Ich habe das Gefühl, dass meine ganze Welt zusammenbricht und mich unter ihr begräbt.« Lily umarmte Eva, die dann noch mehr weinte.

Till ging auf und ab und rieb seine Hände aneinander. Er zog dabei eine spezielle Grimasse. Lily nannte das sein ›Denkgesicht‹. Dabei fürchtete sie jedes Mal, der Druck in seinem Kopf könnte so stark werden, dass seine Gehirnzellen platzten.

»Wir müssen diesen Wettbewerb gewinnen! Lasst uns an die Arbeit gehen. Kommt!« Till packte Lily und Eva an den Händen und machte sich mit ihnen auf den Heimweg.

Dann blieb er so plötzlich stehen, dass beide Mädchen einen Satz nach vorne machten. Er ließ ihre Hände los und kehrte zu Alo zurück. Der saß immer noch stumm neben dem flachen Felsen und beobachtete sie.

»Entschuldigung, Alo. Es tut mir leid! Das war unhöflich von mir. Willst du mit uns kommen?«, fragte Till.

Alo stand auf, hob den Kopf und schnüffelte. Dann verbeugte er sich vor Till, drehte sich um und verschwand in die andere Richtung.

»Habe ich etwas Falsches gesagt?«

»Oh nein. Er hat sich verabschiedet, indem er dich beschnüffelt hat. Seine Hauptaufgabe ist jetzt die Pflege von Mutter Natur. Manchmal besucht er mich nachts, und wenn wir dringend seine Hilfe brauchen, muss ich nur wie ein Wolf heulen. Lass uns zurück zu mir nach Hause gehen. Wir haben eine Menge Arbeit vor uns.«

Schweigend gingen sie den schmalen Pfad entlang, den sie gekommen waren.

Till stoppte erneut so abrupt, dass Eva in ihn hineinlief. »Wenn du diesen Wettbewerb gewinnst und nach Berlin fahren darfst, denkst du wirklich, die Regierung würde dann Tierversuche endgültig verbieten? Das scheint mir einfach zu optimistisch.«

»Ich weiß es nicht, aber ich muss es versuchen. Sie und die anderen kennen mich seit meiner Geburt. Ich kann sie nicht enttäuschen. Sie alle sind von mir abhängig. Außerdem kann ich nicht einfach hier rumsitzen und zusehen, wie sie stirbt.

Und ich kann nicht ignorieren, was mit den armen, unschuldigen Labortieren passiert.«

»Du hast recht, aber wie zum Teufel stellen wir das an?«, fragte Eva.

»Ich habe keine Ahnung. Ehrlich gesagt weiß ich auch nicht, was zu tun ist. Alo hat versucht, mir Selbstvertrauen zu geben und mir von ein paar Kindern in unserem Alter erzählt. Sie sollen einige erstaunliche Dinge geleistet haben. Ich weiß also, dass es möglich ist. Aber ich habe trotzdem Angst, zu versagen.«

»Nun, wenn es dir ein Trost ist: Ich glaube an dich!«, sagte Till.

»Ich auch. Wir halten zusammen und werden dafür sorgen, dass es funktioniert«, fügte Eva hinzu.

»Danke, das bedeutet mir wirklich viel!«

Sie gingen in Lilys Zimmer. Ralph krabbelte auf dem Boden herum. Er hob seinen Kopf und schnüffelte ständig an ihrem Schreibtisch. Lily fragte, ob sie ihn auf den Tisch setzen sollte. Ja, das wollte er.

Mit aufgeregten Schritten ging Eva rüber zu Ralph, beugte sich zu ihm herunter und schaute ihm in die Augen. »Hallo Ralph, schön dich endlich wirklich kennenzulernen!«

Ralph machte ein paar quietschende Geräusche.

»Er hat gesagt, es sei ihm eine Ehre, endlich mit dir reden zu können. Du seist sein Lieblingsmensch neben mir. Nichts gegen dich, Till!«

Till nickte billigend.

Dann sprachen sie noch darüber, wer was in den nächsten Tagen zu machen hätte.

Tills Aufgabe war es, ein Video zu erstellen, das die Welt im Falle des Sterbens von Mutter Natur zeigen sollte. Eva sollte sich mit der Freundin ihrer Mutter treffen, und Lily sollte mehr über die tierversuchsfreie Forschung herausfinden.

»Ich denke, wir brauchen einen Namen für unsere Gruppe. Was meint ihr?«

»Was ist mit ›Mutter Naturs kleine Helfer‹?«, regte Eva an.

»Oder ›Die Tierschützer vom Reinhardswald‹? Oder ›Die Reinhardswald-Heiler‹«, fragte Till.

Sie dachten ein paar Minuten darüber nach.

»Ich habs: DTR – Deutsche Tierretter!«, sagte Lily »Ganz simpel, und es sagt einfach alles!«

»Ja, das ist es!« Till und Eva waren sich einig.

Lily schrieb das Ergebnis auf einen Notizzettel und klebte ihn an die Ecke ihres Computers. Nicht, dass sie den Namen jemals vergessen könnte, aber sie wollte sehen, wie er aussah, wenn er aufgeschrieben war. Er sah gut aus und fühlte sich richtig an. *Deutsche Tierretter, das sind wir!*

18

WAS HABEN WIR HIER?

Lily hatte die nächsten zwei Wochen keine Schule. Es waren Herbstferien, und so blieb genügend Zeit, an der Präsentation weiterzuarbeiten und mit ihren besten Freunden abzuhängen.

Auch nachdem die Schule wieder angefangen hatte, verbrachten sie jede freie Minute zusammen.

Halloween war die einzige Pause, die sie sich gönnten. Wie geplant verkleidete sich Till als Tornado, Eva als Mumie und Lily als Hirschzombie.

Wie jedes Jahr war das ganze Haus von oben bis unten dekoriert. Lilys Eltern veranstalteten zu Halloween immer eine Party inklusive Abendessen für ihre engsten Freunde.

Als sie ihren Beutezug ›Süßes oder Saures‹ beendet hatten, kamen Eva und Till rüber zu Lily, um dort zu übernachten. Da am nächsten Tag Schule war, versprachen sie ihren Eltern, spätestens um neun Uhr im Bett zu sein.

Sie hatten sich ein paar Knabbereien mitgebracht und spielten in Lilys Zimmer Gesellschaftsspiele.

»Patsch! Schlidder!« Eva und Till drehten schnell ihre Köpfe in die Richtung, aus der die plötzlichen Geräusche kamen. Sie erkannten Alos schemenhaftes Gesicht, das vom Balkon zu ihnen hereinschimmerte.

»Macht er das immer so?«, fragte Eva zitternd.

»Ja, aber ich habe mich mittlerweile daran gewöhnt.« Lily öffnete die Tür. Als er hineinschlich, bemerkte sie, dass sein Schwanz zwischen den Beinen eingeklemmt war.

»Bist du in Ordnung? Ist etwas passiert?«, fragte Lily.

»Nein, mir geht es gut. Ich sollte nur heute Abend nicht im Wald herumlaufen. Einer unserer Leitwölfe, ein sehr lieber Freund von mir, wurde vor zwei Jahren an Halloween erschossen. Der Legende nach griff in derselben Nacht vor über hundert Jahren ein Werwolf einen Anwohner an. Danach schlossen die Jäger ein Bündnis und versprachen sich gegenseitig, jedes Jahr zu dieser Zeit hinauszugehen, um dafür zu sorgen, dass so etwas nie mehr passieren würde.

Seitdem durchstreifen die Jäger in dieser Nacht die Gegend und suchen nach uns. Sie haben bereits den ganzen Wald abgeriegelt. Während der Geisterstunde kommt da keiner rein oder raus. Hast du die Hinweistafeln gesehen?«

Lily nickte.

»Ich dachte mir, das beste Versteck in dieser Zeit wäre in einem Haus voller Menschen.«

»Wow, das über die Jäger wusste ich nicht. Dann sollte ich an Halloween nicht so viel Zeit im Wald verbringen. Ich habe allerdings noch nie Schüsse gehört«, sagte Till, nachdem Lily Alos Geschichte übersetzt hatte.

»Wir lassen uns an Halloween nirgends mehr blicken und stellen so sicher, dass wir für die Menschen quasi unsichtbar sind. Gut, dass wir sie aus der Ferne riechen können.«

Als ob das nicht schon genug wäre, Mädchen Angst einzujagen, fing Till auch noch an, seine Lieblingsgruselgeschichte zu erzählen. Die nächsten zwei Stunden verbrachten sie mit einer Taschenlampe in ihrem Zelt aus Decken und erzählten sich Geschichten. Manche waren zum Lachen und andere zum Gruseln.

Dann knarrte die Treppe. »Pssst!« Lily machte schnell die Taschenlampe aus, in der Hoffnung, dass Alo unbemerkt blieb.

»Gute Nacht Lily, Eva und Till. Zeit, ins Bett zu gehen«, rief Lilys Mutter durch die Tür.

»Lass uns nur noch diese eine Geschichte zu Ende erzählen, und dann gehen wir ins Bett. Ich verspreche es«, sagte Lily und hielt die Decke fest über Alo. Nur für den Fall, dass ihre Mutter versuchte, ins Deckenzelt zu schauen, um ihr einen Gute-Nacht-Kuss zu geben.

»In Ordnung! Aber danach kein Gequatsche mehr! Hört ihr?«

»Ja, Mama. Vielen Dank. Gute Nacht!«

Eine Stunde lang quatschten und kicherten sie noch leise, bis sie müde wurden. Mit den ersten Lichtstrahlen kroch Alo aus der Deckenhöhle, sprang vom Balkon und verschwand in den Wald.

Es war jetzt Mittwochnachmittag. Nur noch eine Woche, bis Lily ihren Auftritt hatte. Die Tierretter warteten an der Bushaltestelle, als Viktoria plötzlich wie aus dem Nichts auftauchte.

Sie stand so nahe bei Till, dass sie fast an ihm lehnte. Dann schüttelte sie ihr langes, rotes, welliges Haar, lächelte und sagte: »Ich kann es kaum erwarten, dich am Wochenende auf dem Basketballplatz zu sehen.« Als Viktoria an Lily vorbeiging, drehte sie sich um und warf ihr einen stechenden Ich-behalte-dich-im-Auge-Blick zu.

»Brrr, ich zittere schon!«, sagte Lily und bezog sich dabei nicht auf das Wetter.

Till hatte mit sechs Jahren angefangen, Basketball zu spielen. Da er größer als alle anderen Jungs in seinem Jahrgang war, fiel es ihm leicht, Körbe zu machen. Er mochte Basketball lieber als Fußball, was ziemlich ungewöhnlich in Deutschland war.

Und morgen stand ein großes Spiel gegen die stärkste Konkurrenz an.

Ahhhhhh. Lily hörte auf, über Basketball nachzudenken. Ihr war schlagartig klar geworden, warum Viktoria neulich so traurig aussah, als Till mit ihr geschimpft hatte. Sie mochte Till! Und so, wie sie gerade aufgetreten war, musste sie ihn sogar SEHR mögen.

Till schien aber gar nichts davon mitzubekommen.

Typisch Junge! SO ahnungslos!

Lily schüttelte leicht den Kopf. Sie wollte gar nicht erst darüber nachdenken, dass die beiden ein Paar werden könnten und Händchen hielten. Also schwieg sie besser.

Eva bemerkte es aber auch und lachte. »Till, was zum Henker war DAS?«

»Was meinst du? Oh, Viktoria? Sie kann wirklich süß sein, wenn sie will.«

»Ähm, nein. Ich meine die Blicke, die sie dir zugeworfen hat. Ich denke, sie mag dich!«, sagte Eva.

»Unsinn, das bedeutet nichts. Sie ist immer so.« Till packte nervös seine Bücher in seinen Rucksack.

»Vielleicht zu dir, aber zu niemand anders. Wach auf, Junge!«

»Lass ihn in Ruhe, Eva. Merkst du nicht, dass es ihm unangenehm ist? Lass uns einfach zu mir gehen und schauen, wie weit wir mit dem Vortrag sind. Langsam werde ich nervös! Uff, wir haben nur noch eine Woche!«

Sie verbrachten den Rest des Nachmittags damit, Notizen über ihre kreativen Einfälle zu vergleichen und eine Feinabstimmung der Gliederung zu machen.

Nach dem Abendessen gingen Eva und Till nach Hause.

Lily druckte noch ihren Vortrag aus, weil sie nach der Schule in der Bibliothek ein paar Sachen nachlesen wollte.

Die ganze Nacht hatte es stark geregnet, und am nächsten Morgen war es auch nicht viel besser. Lily legte ihren Vortrag deshalb in eine dicke Schutzhülle, damit er geschützt war, falls ihr Rucksack nass werden sollte. Als Till und Lily zur Bushaltestelle gingen, rannte Viktoria zwischen ihnen durch. Dabei drückte sie Lily so heftig zur Seite, dass sie stolperte und auf ihre Knie fiel.

Till wollte ihr gerade etwas nachrufen, aber Lily hielt ihn davon ab. »Es ist alles in Ordnung. Mir geht es gut. Ignoriere sie einfach. Du musst dich nicht mit ihr rumschlagen.«

Aber er wollte es nicht auf sich beruhen lassen. Er war wütend und sagte auf dem Weg zur Schule keinen Ton mehr. Während der ganzen Fahrt starrte er Viktoria an. Irgendwann drehte sie sich um und lächelte ihn breit an. Das machte ihn noch zorniger.

Endlich, nach einem anstrengenden Morgen mit Politik, Mathe und Sport läutete die Glocke zum Mittagessen. Lily und Eva gingen direkt in die Cafeteria, um Till zu treffen. Während sie in ihrem Essen herumstocherten, sprachen sie über Lilys Vortrag.

»Woran arbeitest du?«, fragte eine schrille Stimme hinter Lily. Ein eisiger Schauer lief ihren Rücken herunter. *Schon wieder Viktoria!*

»Das geht dich nichts an!« Till scheuchte sie weg, als wäre sie eine nervige kleine Schwester.

»Wer hat dir denn heute Morgen in die Suppe gespuckt? Hoffe, du zeigst am Samstag etwas mehr Mumm auf dem Platz! Schon aufgeregt?«, fragte sie.

»Viktoria bitte, wir haben zu arbeiten!« Tills Stimme wurde lauter.

»Schon gut, ich gehe ja. Du musst mich nicht anschreien, meine Güte!« Viktoria warf ihr Haar nach hinten. Dann stolzierte sie hochnäsig davon.

Sie arbeiteten so konzentriert, dass sie das letzte Klingeln nicht hörten. Plötzlich bemerkten sie, dass sie die Einzigen waren, die noch in der Mensa saßen.

»Wir werden bald rausgeschmissen. Lasst uns jetzt zur Bibliothek gehen«, schlug Eva vor und begann, ihre Sachen zusammenzupacken.

Nach ein paar Minuten sprang Lily auf. »Oh, ich glaube, ich habe ein paar Unterlagen in der Cafeteria liegen lassen. Ich bin gleich zurück.« Lily stürmte aus der Bibliothek.

Langsam joggend erreichte sie die Cafeteria. Ihre Schritte wurden kürzer, als sie sich der Tür näherte. Durch das Türfenster beobachtete sie, wie Viktoria ihre Unterlagen in der Hand hielt und darin zu lesen schien.

Lily stürmte herein und griff nach dem Stapel Papier. Dann schaute sie unter dem Tisch, um sicherzustellen, dass sie alles hatte. »Das sind meine Unterlagen, vielen Dank!«

Ausgerechnet die muss heute Cafeteriadienst haben.

Lily eilte zurück in die Bibliothek und hoffte, dass Viktoria nicht allzu viel davon gelesen hatte.

Das Treffen hatte weitere Ideen für den Film erbracht. Daher wollten sie noch einige Szenen im Wald drehen. Till sprang bei seinen Ausführungen mehrmals auf. Dabei gestikulierte er wild mit Händen und Füßen, um sich kurz darauf wieder zu setzen und erneut aufzuspringen. Lily hatte ihn noch nie so begeistert gesehen. Außer, wenn er manchmal über Basketball und Fußball sprach. *Ich wünschte, ich hätte das auf Video!*

Eva begann darüber zu reden, was sie die Freundin ihrer Mutter fragen würde.

»Es wäre hilfreich, zu wissen, wie man bewusst einkauft, welchen Siegeln man vertrauen kann, wie man Etiketten richtig liest und was die Zutaten darauf bedeuten«, schlug Lily vor.

Eva senkte den Blick. Lily runzelte die Stirn. Sie musste daran denken, wie sehr Eva das Einkaufen liebte. Sie kaufte immer die Produkte mit den schönsten Verpackungen und die am besten dufteten. Der Gedanke, ihre Lieblingsmarken, die nicht frei von Tierversuchen waren, boykottieren zu müssen, könnte Eva vielleicht etwas verstimmen.

»Oh Eva, das wird schon«, beruhigte Lily sie. »Es gibt so viele hochwertige Produkte, die ohne Tierversuche auskommen. Warten wir's einfach ab. Wir können auch zusammen einkaufen gehen. In Ordnung?«

»Pfff, Mädchen«, kicherte Till.

19

TIERRETTER BEI DER ARBEIT

Sie arbeiteten den ganzen Nachmittag weiter, bis der letzte Schulbus kam.

Als Lily nach Hause kam, hatte sie noch Zeit, CAAT-Europe anzurufen. Die hatten ihren Sitz an der Universität in Konstanz. Sie wollte noch mehr über die neuen Methoden erfahren, die hoffentlich sehr bald Tierversuche unnötig machten.

CAAT stand für ›Zentrum für Alternativen zur Tierforschung‹. Lily führte ein faszinierendes Gespräch mit dem leitenden Geschäftsführer und Mitbegründer. Er erläuterte ihr die tierversuchsfreien Forschungsmethoden. Im Wesentlichen bestanden sie aus drei unterschiedlichen Verfahren: Da waren die Computermodellierungstechniken (in silico), das Hochdurchsatz-Screening (HTS) und die Verwendung von menschlichen Zellen aus Haut oder Haaren (in vitro).

Lily dankte ihm für seine Zeit und recherchierte dann noch weiter dazu, wie diese Methoden funktionierten.

Jetzt hatte sie alle Informationen, die sie brauchte und konnte sich voll auf die Ausarbeitung ihres Vortrags konzentrieren. Der Teil, auf den sie sich am meisten freute.

Lily liebte es, zu zeichnen, und sie lernte gerade, wie man Grafiken am Computer erstellt. Sie wusste außerdem, dass, wenn sie Hilfe brauchen würde, sie immer Eva fragen konnte. Die war noch viel besser im Zeichnen.

Die Tierretter verbrachten den folgenden Nachmittag in den Wäldern und machten Filmaufnahmen. Es war ein windiger Herbsttag, aber zum Glück regnete es nicht.

Das farbige Herbstlaub hatte einen dicken feuchten Teppich auf dem Waldboden geschaffen. Das war auch gut so. Dann kam sie nämlich nicht in Versuchung, darin zu spielen. Aber es war jetzt keine Zeit für Vergnügungen. Die Arbeit rief, denn Till hatte einen unnachgiebigen Zeitplan aufgestellt.

Er inszenierte die Kulisse wie ein geborener Filmregisseur.

Wann immer er einen Darsteller für eine Szene brauchte, bat er Lily, ihn zu rufen – entweder ein Eichhörnchen, einen Wolf oder eine Gruppe von Hirschen. Er beschrieb Lily die Szene, und sie übersetzte an die Tiere.

Eva saß still auf einem Felsen und rieb sich mit ihren Händen über die Arme. »Jetzt begreife ich endlich, warum du so oft in den Wald gehst, Lily«, murmelte sie. »Ich werde mich immer an diesen Tag erinnern.«

Lily nickte mit einem Lächeln in Evas Richtung, dann fuhr sie mit ihrer Arbeit fort. »Okay! Die linke Birke: Bitte mach eine Wiegebewegung nach vorne und hinten, und nach drei Sekunden lässt du deinen linken großen Ast zu Boden fallen. Und ... 3... 2... 1.« Die Birke tat genau das, was Lily ihr gesagt hatte.

»Liebes kleines süßes rotes Eichhörnchen auf dem zweiten Ast da drüben! Flitze zu mir und stelle dich vor meinen Füßen auf. Dann schau mich bitte mit großen und ängstlichen Augen an, als ob du verhungern würdest. Nachdem ich mit dem Kopf geschüttelt habe, schleiche langsam mit einem Ausdruck der Verzweiflung weg. Man muss die Enttäuschung in deinen Augen sehen können, und du kannst auch ein bisschen wimmern.«

Bam! Genau das tat das kleine süße Eichhörnchen dann auch.

Das ging den ganzen Nachmittag so. Eva saß still dabei und machte Fotos und ein paar Videoclips, um sie später Lily und Till zeigen zu können.

»Ihr zwei habt keine Ahnung, was ihr verpasst«, platzte Eva heraus. »Das ist märchenhaft!«

Am Ende des Tages rief Lily alle zusammen, um sich mit ihnen in einem Kreis zu versammeln.

Sie sah sich um, lächelte und sagte auf Tierisch: »Ich bin

sehr stolz auf euch alle. Ihr habt wunderbare Arbeit geleistet. Danke für eure Hilfe. Und danke, dass ihr diesen Tag zum unglaublichsten Tag meines Lebens gemacht habt.«

In ihren Augenwinkeln sammelten sich Tränen. Ihre Stimme versagte fast. »Ich bin mir immer noch nicht sicher, ob wir unseren Freunden helfen können. Aber wir werden unser Bestes geben. Ich hoffe, in ein paar Tagen diesen Wettbewerb zu gewinnen. Wenn wir es schaffen, haben wir eine gute Chance, wirklich etwas zu verändern und Mutter Natur zu retten. Vielen Dank noch mal! Ich bin wirklich dankbar, und ich liebe jeden von euch. Wir werden jetzt gehen, aber ich komme wieder.«

»Das war fantastisch!«, sagte Lily und hüpfte den ganzen Weg nach Hause auf und ab. Sie war seit langer Zeit nicht mehr so heiter gewesen.

»Und Till, wie du das da draußen gerockt hast!« Bevor sie wusste, was Sie tat, umarmte sie ihn fest und küsste ihn auf den Mund.

Till starrte sie mit großen verwunderten Augen an, was Lily schnell zurückweichen ließ.

»Oh, es tut mir so leid! Ich war einfach dermaßen begeistert! Ich weiß nicht, warum ich das gemacht habe«, sagte Lily verlegen.

Till lächelte nur und zuckte mit den Schultern. »Es ist okay, Lil. Irgendwie hat es mir sogar gefallen.« Dann ging er weiter.

Eva packte Lily am Arm und flüsterte: »Was war das?«

»Ich weiß nicht. Es war nichts. Absolut nichts.«

Als sie bei Lily ankamen, sagte Till: »Ich muss jetzt mit der Nachbearbeitung anfangen. Wir sehen uns morgen früh, wenn ich dich abhole, in Ordnung?«

»Okay. Gute Nacht! Und nochmals vielen Dank für all deine Hilfe. Du bist mein Lebensretter.«

»Nein, ich bin nur ein guter Freund.«

Eva ging auch. Ihre Mutter war allein zu Hause und sie wollte ein bisschen Zeit mit ihr verbringen.

Lily ging hoch in ihr Zimmer und ließ sich auf ihr Bett fallen.

Ich kann es nicht glauben! Ich habe Till geküsst! Auf den Mund! Was habe ich mir nur dabei gedacht?

Aber es war passiert, und man konnte die Zeit nicht mehr zurückdrehen. Es machte auch keinen Sinn, weiter darüber nachzugrübeln. Er und sie waren beste Freunde. Und sie war zu jung, um über Jungs nachzudenken.

Nach dem Abendessen kam ihre Mutter in ihr Zimmer und sie lasen zusammen eine Geschichte.

Ihre Mutter las die ersten drei Seiten, dann las Lily die nächsten drei. So ging es weiter, bis sie mit dem Kapitel fertig waren. Eigentlich hätte Lily sich lieber entspannt zurückgelehnt und ihrer Mutter zugehört, aber die meinte, sie wolle auch mal wieder Kind sein und sich vorlesen lassen.

In dieser Nacht träumte Lily von ihren Freunden im Wald und von Mutter Natur, die über sie wachte. Sie hatte wieder alle Federn und fühlte sich gesund. Die Tiere jubelten und tanzten um die Bäume. Die Waldtierbabys rannten, sprangen und spielten am Flussufer herum.

Dann, ohne Vorwarnung, verblassten die Sonnenstrahlen, die durch das Astwerk der Bäume schimmerten. Der strahlend blaue Himmel wurde grau. Dann fast schwarz.

Die Tiere verstreuten sich und Lily blieb alleine mit der Eiseskälte, der Dunkelheit und der Nässe der Herbstluft. Sie sah nach unten auf ihre Füße. Anstatt des Waldbodens voller Herbstlaub sah sie Sand vom Grunde des Ozeans. Panisch versuchte sie zu atmen, aber es gelang ihr weder ein- noch auszuatmen. Nicht mal einen Schrei brachte sie heraus.

Sie saß aufrecht im Bett, als ein Energieschub sie durchschüttelte. Schweiß lief ihr Gesicht hinunter. Sie wandt sich in der Bemühung, wieder Luft in ihre Lungen zu bekommen.

Erschöpft ließ sie sich schwer wieder auf ihr Kissen fallen. Die Tränen flossen und vermischten sich mit ihrem Schweiß. Ein scharfer, salziger Geschmack blieb auf ihren rissigen Lippen zurück.

Sie verstand nicht, wie sie nach so einem zauberhaften Tag einen solch schrecklichen Albtraum haben konnte. Warum diese Panik? Die Dinge liefen so gut.

Sie wollte nicht mehr darüber nachdenken und schloss die Augen. Dann zählte sie: *eins, zwei, drei, vier*. Weiter kam sie nicht, denn sie war schon wieder in einen tiefen Schlaf gefallen.

Am Wochenende vervollständigten sie ihren Vortrag. Am Montag probte Lily vor Eva und Till, am Dienstag vor ihren Eltern. Den Rest des Dienstagabends verbrachte sie mit kleinen Änderungen und der Auswahl ihrer Kleidung.

Und damit, nervös zu sein.

Lily war schon mal auf der Bühne gewesen. In der Grundschule hatte sie einmal eine Katze und das andere Mal ein Dienstmädchen gespielt. Nie zuvor aber war sie alleine auf der Bühne gewesen. Und diesmal musste sie vor der ganzen Schule sprechen.

Über 700 Schülerinnen, Schüler und Lehrer würden sie im Hörsaal beobachten.

Keine guten Voraussetzungen, um gut schlafen zu können. Aus Angst vor weiteren Albträumen stand sie am nächsten Morgen früh auf. Ihre Mutter half ihr mit den Haaren und machte ihr ein deftiges Frühstück.

»Wie geht es dir, Liebes?«, fragte sie.

»Könnte besser sein. Ich habe nicht gut geschlafen.«

»Bist du nervös? Denke immer daran, warum du das tust, nicht an die Leute im Publikum. Denk einfach immer an die

Tiere, die du retten möchtest. Du kannst das! Ich kenne dich. Du bist gut vorbereitet, und wenn du es so präsentierst wie gestern, hast du wirklich gute Chancen zu gewinnen. Das weiß ich einfach! Ich bin auch so aufgeregt. Ich wünschte, ich könnte dort sein, um dich anzufeuern.«

Leider war nur Schülern und Lehrern die Teilnahme erlaubt.

Lily trank ihren Orangensaft aus und ging nach oben, um sich fertig zu machen. Ralph gab ihr ein paar ermutigende Worte mit auf den Weg und erinnerte sie daran, sich die Münze noch einmal anzusehen.

Warum vergesse ich diese Münze immer wieder?

Sie schüttelte verdrießlich den Kopf, als sie die Münze in die Hand nahm. Der Kreis der sechs Hände war wieder zu sehen, und sie hielten sich immer noch gegenseitig fest. Aber als sie sie umdrehte, veränderte sich die Schrift und es erschienen die Worte: ›Behandle deinen schlimmsten Feind mit Respekt‹.

Was soll das denn heißen? Ich habe keine Feinde.

Als sie auf ihre Uhr sah, sprang sie auf. Es war Zeit zu gehen. Quasi per Alarmstart machte sie ihre Sachen fertig und verabschiedete sich schnell von Ralph. Dann stolperte sie die Treppe hinunter.

»Du bist ja auch so nervös wie ich!«, merkte Lily an, als sie sah, dass Till ähnlich tollpatschig drauf war.

»Ich hoffe nur, dass meine Filme nicht durcheinanderkommen«, sagte er.

»Ich bin sicher, du wirst es gut machen. Entspann dich! Ich hingegen bin ein komplettes Nervenbündel. Das kann ich dir sagen!«

»Du wirst es großartig machen, vertrau mir. Wenn jemand das hinbekommt, dann du! Komm schon, lass uns gehen. Die Schule wartet auf dich.«

Auf dem Weg zur Schule erblickte Lily die alte Frau mit dem schwarzen Umhang auf der anderen Straßenseite. Sie kam herüber, um Lily zu begrüßen.

Dann nahm sie Lilys Hand in ihre und schaute sie an. »Ich kann fühlen, dass du eine große Herausforderung vor dir hast. Sieh mich an.« Lily sah auf. »Diese Herausforderung ist nichts, was du nicht meistern könntest. Du wirst es gut machen. Das ist alles, was ich weiß. Ich kann deine reine und positive Energie fühlen. Viel Glück, Lily.«

»Woher kennen sie meinen ... Namen?« Als sie »Namen« sagte, war die alte Frau bereits wieder auf der anderen Seite der Straße und eilte davon.

»Wer war das?«, fragte Till.

»Eine gute Freundin, deren Namen ich leider nicht kenne.«

»Kann ja nicht so eine gute Freundin von dir sein, wenn du ihren Namen nicht kennst«, murmelte Till.

20

RESPEKTIERE DEINE FEINDE

Lily schaute der alten Dame nach, bis sie sie nicht mehr sehen konnte. Als sie an der Bushaltestelle ankamen, trafen sie eine ebenso aufgeregte Eva. Sie wollte gar nicht mehr aufhören zu reden.

Auch der Bus war voller aufgeregter Kinder. Lilys Magen machte mehr Purzelbäume als je zuvor. Als sie in der Schule ankamen, gingen sie direkt zum Hörsaal und schauten auf das Schwarze Brett, welches im Flur direkt neben der Tür zum Hörsaal hing.

Lily war Nummer acht auf der Liste. Es gab keinen Titel oder eine Beschreibung dessen, was die Schüler vortragen würden. Nur ihre Namen und die Präsentationszeiten.

Lily dachte an ihre Bewerbung zurück. Sie musste nur einen Titel und eine kurze Beschreibung des Themas einreichen. Außerdem sollte man erläutern, warum man sich so leidenschaftlich für die vorgetragene Sache interessierte. Insgesamt dreiundvierzig Anträge waren eingereicht, aber nur fünfzehn angenommen worden. Jeder Schüler hatte fünfzehn Minuten Zeit, um seine Ideen vorzustellen.

Lily wusste auch nicht, wer sonst noch an diesem Tag auf

der Bühne stehen würde. Anscheinend aber niemand aus ihrer Klasse, sonst hätte sie davon erfahren.

Beim genauen Durchsehen der gesamten Liste entdeckte sie einen Namen. Das Herz rutschte ihr in die Hose. ›Viktoria Hein‹. Lily musste würgen.

»Oh oh! Ich schätze, sie hält heute auch einen Vortrag? Uff!« Eva spürte Lilys Angst.

»Ja, ich habe auch gerade ihren Namen gelesen. Mach dir wegen der keine Sorgen. Sie kann dir da oben auf der Bühne nichts anhaben!« Till legte seinen Arm um Lily und hielt sie für eine Sekunde fest.

Immer noch sprachlos, nickte Lily nur.

Dann trennte sie sich von ihren Freunden, die zum Ton- und Beleuchtungsbereich gingen. Till war verantwortlich für die Videopräsentation, und Eva würde für die Beleuchtung sorgen. Sie hatten die letzten zwei Nachmittage damit verbracht, die Funktionen ihrer Ausrüstung zu testen und kennenzulernen.

»Bereit zu scheitern?« Lily würde sich nie an Viktorias schreckliche Stimme gewöhnen. »Ich sehe, du bist nach mir dran. Viel Glück! Du wirst es brauchen, Tollpatsch!« Ein kalter Schauer durchfuhr ihren Körper, gefolgt von Viktorias finsterem Lachen.

Viktoria nahm ihren Kaugummi aus dem Mund und drückte ihn auf das Papier, das am Schwarzen Brett hing. Direkt auf Lilys Namen. Dann ging sie weg.

Lily wurde es speiübel. Sie stürmte hinter die Bühne. Sie musste Viktoria aus ihrem Kopf kriegen, damit sie in aller Ruhe noch mal ihr Drehbuch durchgehen konnte.

Der Hörsaal war pickepackevoll mit Schülern, die froh waren, nicht im Unterricht sitzen zu müssen.

Es war so laut, dass Lily sich nicht konzentrieren konnte. Also gab sie den Versuch auf.

Wenn ich mein Skript jetzt noch nicht kenne, werde ich es in den nächsten paar Stunden auch nicht mehr lernen.

Stattdessen schloss sie die Augen und versuchte, den Lärm der auf die Vorträge wartenden Schüler auszublenden. Und sie träumte davon, mit Alo, den anderen Tieren und Mutter Natur im Wald zu sein.

Oder vom Kuss mit Till. Immer noch unsicher, was der zu bedeuten hatte.

Das Klatschen der Menge brachte sie zurück in die Gegenwart. Der Wettbewerb begann, und der erste Schüler ging auf die Bühne.

Lily hörte genau zu. Der Junge sprach über all den Plastikmüll in den Ozeanen, der Vögel und Meereslebewesen tötete. Es war eine ziemlich beeindruckende Präsentation und das Thema genau so herzzerreißend wie ihres.

Der nächste Vortrag befasste sich mit der digitalen Welt von heute und damit, wie Teenager weniger Zeit mit ihren Handys, aber dafür mehr Zeit mit ihren Freunden verbringen könnten.

Der dritte Redner zeigte Bilder von Kindern in Asien, die Kleidung herstellten und stundenlang in Fabriken arbeiten mussten. Und er berichtete über die Unmengen an Abfällen, die in der Mode- und Textilindustrie anfielen.

Wow, was ist los? Nichts scheint heutzutage noch normal zu sein. Was würden wohl Außerirdische von uns Menschen denken, wenn sie heute hier unversehens vorbeikämen und all diese Probleme sähen, die wir uns selbst eingebrockt haben?

Eine tiefe Traurigkeit überkam Lily und zwang sie, sich hinzusetzen. Sie wischte sich mit ihren Händen die Augen ab, bevor die Tränen fließen konnten.

Ich darf mich jetzt nicht aufregen. Ich muss stark bleiben.

Sie fühlte sich schon viel ruhiger und verfolgte die nächsten drei Vorträge. Sie spürte die innere Schönheit der jungen Menschen, die da sprachen und deren Wunsch, etwas Gutes in der Welt zu erreichen. Ihr Schmerz kam ihr bekannt vor, und sie fragte sich, ob auch sie Hilfe von Mutter Natur bekommen würden.

Ihre positiven Gedanken wurden abrupt unterbrochen, als Viktoria sie anrempelte. »Oh, habe ich dich gerade gestoßen? Es tut mir SO leid, aber ich muss auf die Bühne, um dir zu zeigen, wer hier der Boss ist!« Viktoria zog ihre linke Augenbraue nach oben und betrat die Bühne.

Lily konnte sich nicht bewegen. Aufmerksam hörte sie dem Anfang von Viktorias Präsentation zu.

Ekel und Wut breiteten sich rasendschnell in ihrem Körper aus.

In Viktorias Vortrag ging es um Tierversuche in der medizinischen Forschung. Aber sie sprach nicht darüber, wie man Tieren helfen konnte. Stattdessen erläuterte sie, wie sehr sie den Menschen halfen. Bei ihr klang es gerade so, als ob Tierversuche ein positiver und notwendiger Prozess seien.

Sie erklärte, wie viele Menschenleben durch vorherige Tests am Tier gerettet würden. Als Beispiel führte sie die Insulintherapie an, die nur möglich war, weil Tierforscher Hunde töteten, um ihre Bauchspeicheldrüsen zu entfernen und sie dann untersuchen zu können. Das hatte in den 1920er-Jahren stattgefunden.

Lily hatte das auch in ihre Präsentation aufgenommen, aber Viktoria war der wichtigste Teil dabei entgangen. Die wesentlichsten Hinweise für die Wissenschaftler zur Entwicklung der Insulinbehandlung kamen nämlich tatsächlich aus der Beobachtung menschlicher Patienten, nicht aus den Hundeexperimenten.

Viktoria erwähnte dann, wie die Erforschung eines Affengehirns Parkinson-Patienten geholfen hatte.

Auch dabei verdrehte sie die Wahrheit. Chirurgen identifizierten die besten Orte, um Elektroden in das Gehirn von Parkinson-Patienten zu implantieren und so deren Symptome zu lindern. Das war Jahrzehnte vor den Möglichkeiten der modernen Gehirnchirurgie und nutzlosen Tests an Affen passiert.

Viktoria sprach sogar davon, Mäuse und Ratten effektiv gegen Lungenkrebs einsetzen zu können, indem man sie Rauch inhalieren ließ.

Okay, das ist einfach lächerlich! Hat sie nicht gelesen, dass Rauch bei Mäusen und Ratten keinen Krebs verursacht? Die Wissenschaftler haben erst herausgefunden, dass Rauchen Krebs verursacht, nachdem sie Studien am Menschen durchgeführt hatten!

Lily war entrüstet. Wie konnte sie es wagen, ihre Ideen zu stehlen und sie so zu verdrehen?

Lilys Telefon piepste. Es war eine Nachricht von Till: »Grrrr. Mach dir keine Sorgen. Du schaffst das! Du zeigst ihnen die Wahrheit! Sei einfach du selbst, bleib stark und erinnere dich daran, warum du das tust! xoxo.«

Endlich beendete Viktoria ihre verdrehten Tatsachen. Sie verbeugte sich und stolzierte, begleitet von Applaus, langsam von der Bühne.

Lily war erleichtert, als sie zum anderen Ende der Bühne ging, denn sie hatte keine Lust, sich ihr jetzt zu stellen.

Noch zwei und dann bin ich dran! Jetzt musste sie sich fertig machen. Sie schrieb Marc eine kurze Nachricht, der sich bereit erklärte, ihr zu helfen. Dann schlich sie in eine leere Umkleidekabine.

»Und nun präsentieren wir euch Lily Bowers. Wir freuen uns darauf, herauszufinden, woran du so leidenschaftlich glaubst und welche Pläne du hast, um etwas zu verändern, Lily!«, rief Herr Donau, ein Naturwissenschaftslehrer. Nach seiner Ankündigung verließ er die Bühne und gab sie frei für Lilys großen Auftritt.

Sie atmete tief ein und wartete auf ihr Zeichen.

Klick! Die Bühnenlichter wurden ausgeschaltet und der ganze Hörsaal war dunkel.

Till startete jetzt die Ton- und Bildeffekte. Ein leises Knurren dröhnte aus den Lautsprechern und verwandelte sich langsam in eine laute Mischung aus Kreischen, Quietschen, Bellen, Zischen und Quaken.

Bilder von ängstlichen Tieren hinter den Gitterstäben ihrer kleinen Käfige wurden auf die riesige Leinwand projiziert. Erst langsam, eins nach dem anderen, dann schneller und schneller, bis eine Aufnahme stehen blieb.

Sie zeigte einen Affen in einem Käfig. Blut lief über sein Gesicht. Mit stechenden Augen starrte er in die Ferne. Ein dicker Metallzylinder ragte aus seinem Kopf. Das Bild wurde ausgeblendet, und man hörte ein lautes Klicken beim Einschalten des Scheinwerfers. Lily tauchte im Lichtkegel auf.

Zusammengekrümmt saß sie in ihrem Käfig. Lily trug einen braunen langärmligen Rollkragenpullover, schwarze Jeans und braune Handschuhe. Theaterblut floss über ihr Gesicht, ihre Augen waren weit aufgerissen und ihre Hände umklammerten die Gitterstäbe. An der Oberseite ihres Kopfes war ein selbst gebastelter Zylinder zu erkennen. Sie imitierte einen Affenschrei, so laut sie nur konnte, und rüttelte unkontrolliert am Käfig.

Das Publikum verstummte.

»Dies… ist das Leben von Hunderttausenden von Tieren. Unschuldige Tiere, die in kleinen Käfigen leben. Angst, qualvoller Schmerz und Einsamkeit sind alles, was sie kennen!

Und wofür? Um uns schöner zu machen. Um uns mit Medikamenten vollzupumpen. Um das zu reinigen, was wir schmutzig gemacht haben.«

Dann führte sie einige medizinische Durchbrüche auf. Die Gleichen, die auch Viktoria schon erwähnt hatte.

Egal, wie sehr sie die Tatsachen hervorheben wollte, bei denen Viktoria nicht die ganze Wahrheit gesagt hatte. Immer wieder erinnerte sie sich daran, was auf der Münze stand: ›Respektiere deine Feinde‹.

Mit mehr Selbstvertrauen als jemals zuvor präsentierte sie ihre Arbeit, genauso, wie sie es geprobt hatte. Auf Viktoria ging sie gar nicht ein, ganz wie ein Profi.

Mit Fakten und Zahlen untermauerte Lily ihre Auffassung, dass Tierversuche uneffektiv und dadurch im medizinischen Bereich gefährlich sein konnten. Sie stellte die Methoden der tierversuchsfreien Forschung vor, sprach über die Computermodellierungstechniken (in silico), das Hochdurchsatz-Screening (HTS) und die Verwendung von menschlichen Zellen aus Haut oder Haaren (in vitro).

Sie ließ alles einfließen, was irgendwie relevant war, stellte aber auch sicher, dass es interessant und unterhaltsam blieb.

»Wenn wir weiterhin Tiere missbrauchen und töten, wird unsere schöne Erde in ein paar Jahrzehnten so aussehen!«

Die Bühne verdunkelte sich wieder und ein Filmbeitrag begann.

Das Publikum rang nach Atem, als sie den sterbenden Wald sahen. Überall lagen Eichhörnchen, Mäuse, Hirsche, Eulen und andere Vögel auf dem Boden herum. Kein Blut, nur stille Körper, die unter einem dicken Teppich aus Blättern begraben waren.

Die Äste fielen von den Bäumen herab. Bei einem Baum sah es fast so aus, als würde er sich verzweifelt dagegen stemmen. Aber er schien zu schwach zu sein, um das eigene Gewicht zu tragen.

Die nächste Szene zeigte Lily, wie sie besorgt durch den Wald ging. Tränen schimmerten in ihren Augen. Als sie diesen Friedhof der Tiere auf dem Waldboden sah, hielt sie inne und begann, bitterlich zu weinen.

Ein süßes kleines rotes Eichhörnchen kam auf sie zu und blickte sie mit ängstlichem und hungrigem Blick an. Lily kniete sich nieder und schüttelte den Kopf. Sie hatte ja kein Futter für das arme Tier. Verzweifelt und enttäuscht verschwand das Eichhörnchen langsam wieder.

In der folgenden Szene war ein anderer Teil des Waldes zu sehen. Sie zeigte zehn Wölfe, die im Kreis saßen und den Vollmond anheulten. Irgendetwas lag in deren Mitte.

Die Szene wurde immer näher herangezoomt. Plötzlich war da diese Wand aus Wolfskörpern. Durch die Zwischenräume der Körper war ein flackerndes, weiß glänzendes Etwas zu sehen, aber es blieb unklar, um was es sich handelte.

Das Bild wurde ausgeblendet, und es war wieder dunkel.

Der Kegel des Scheinwerferlichts ging an und zeigte wieder auf Lily, die immer noch gefangen in ihrem Käfig war.

21

TOSENDER APPLAUS

»Wenn wir weiterhin Tiere für unnötige Experimente missbrauchen und töten, werden wir auch das Wichtigste auf Erden vernichten, was wir haben: Mutter Natur. Sie wacht über alle Lebewesen zu Wasser, zu Lande und in der Luft. Egal ob im Boden, im tiefsten Wald, auf dem höchsten Berg oder in der dunkelsten Höhle. Alle werden ohne sie sterben, sogar wir Menschen.

Wir müssen etwas ändern, wenn wir wollen, dass die nächsten Generationen in einer gesunden Welt aufwachsen und leben können.

Ein weiser Mann hat einmal gesagt: ›Die Größe und den moralischen Fortschritt einer Nation kann man daran messen, wie sie ihre Tiere behandeln.‹ Dieser weise Mann war Mahatma Gandhi.

Lasst uns in diesem Sinne leben und eine großartige Nation sein. Eine, die sich um ihre Tiere kümmert.

Eine andere weise Seele hat mich daran erinnert, dass, wenn wir Mutter Natur und alles, wofür sie steht, respektieren, wir mit uns im Reinen sein können. Wenn wir mit uns selbst zufrieden sind, werden wir auch Frieden mit anderen finden. Dann, und nur dann, haben wir Weltfrieden.

Es geht darum, alle Tiere und alle Menschen zu respektieren. Ja, ich glaube an Feenstaub. Absolut!« Lily lachte.

»Aber ich glaube auch an die Kraft der Menschen. Wir können was verändern, egal wie jung wir sind. Wir haben eine Stimme, und wir haben die Wahl. Wir können zum Beispiel damit beginnen, Tieren keinen Schaden für nutzlose Experimente mehr zuzufügen.

Wisst ihr, warum Tiere heute noch getestet werden?« Lily zeigte auf ein paar Kinder in der ersten Reihe. Die schüttelten den Kopf und zuckten mit den Achseln. »Ich habe es bis vor Kurzem auch nicht gewusst.

Warum sind diese neueren Methoden nicht Standard, wenn sie doch billiger, genauer und menschlicher sind? Gewohnheit! Die Menschen schrecken vor Veränderungen zurück. Sie sind es gewohnt, etwas auf eine bestimmte Art und Weise zu tun, und es fällt ihnen schwer, sich auf etwas Neues, Besseres einzulassen. Selbst wenn es mehr Sinn macht! Warum ein ›gut‹ laufendes System ändern, nicht wahr?

Nun, das aktuelle System ist destruktiv und grausam. Deshalb müssen wir es ändern. Weil Veränderungen, meine lieben Freunde und Lehrer, unsere Welt in Bewegung halten. Und diese Veränderung wäre eine, die uns am Leben UND unsere Gesundheit erhält!

Es gibt Dinge, mit denen wir heute beginnen können, einfache Dinge. Wir können ethische Unternehmen unterstützen, die keine Tierversuche durchführen und nichts von denen kaufen, die es tun.

Das ist aber nicht alles. Wir können uns noch mehr über die tierversuchsfreie Forschung informieren. Hier ein paar Vorschläge:

1. Wenn du dich für dieses medizinische Feld

interessierst, könntest du über eine Karriere in einem Labor nachdenken, das die tierversuchsfreien Forschungsmethoden verwendet, und du wirst automatisch ein Anwalt/eine Anwältin für diese humanen Methoden.
2. Ruft oder schreibt eure Stadtverwaltung an. Nehmt Stellung zum Tierversuchsverbot.
3. Spendet für einen Tierschutzverein oder engagiert euch freiwillig in diesen Organisationen.
4. Sensibilisiert andere in sozialen Medien.
5. Organisiert Veranstaltungen oder beteiligt euch an Protesten und/oder an Petitionen.

Wenn ihr weitere Vorschläge braucht, fragt mich nur.

Es gibt viele einfache Dinge, die wir tun können, um Tieren diese Tests zu ersparen. Wir können heute damit beginnen!« Lilys Stimme wurde mit jedem Wort lauter.

»Ich frage euch heute alle: Wollt ihr etwas ändern?«

Nur ein zaghaftes Murmeln war zu hören.

»Ich kann euch nicht hören.« Lily fragte erneut »Wollt ihr etwas ändern?«

Die Menge brüllte: »JA!«

»Ich kann euch immer noch nicht hören! Wollt ihr etwas ändern?« Lily schrie aus vollem Herzen.

»JAAAAAAA!«, schrie der ganze Saal.

»Wollt ihr Tiere retten?«, schrie sie zurück in die Menge.

»JAAAAAAA!«, schrie das Publikum wieder zurück.

»Nun, dann schickt mich bitte nach Berlin, um mit denen zu sprechen, die die Macht haben, die Tierversuche endgültig zu verbieten!«

Aber zuerst holt mich hier raus!« Lily rüttelte am Käfig und kreischte wie ein wilder Affe.

Das Publikum sprang von den Sitzen auf und applaudierte.

Marc stürmte auf die Bühne, um Lily zu helfen. Sie kroch heraus, schaute in die Menge, lächelte und flüsterte bescheiden »Danke«, als sie sich verbeugte.

Ihr Körper vibrierte vom donnernden Applaus.

»Du warst großartig. Das war bisher die beste Präsentation! Herzlichen Glückwunsch!«, flüsterte Marc, als er ihr half, den Käfig von der Bühne zu tragen.

»Ich danke dir sehr!« Lily wurde rot.

»Uuuuund, wie war es?«, fragte sie Eva und Till, als die beiden auf sie zu rannten.

»Unglaublich, diese Präsentation war ganz hohes Niveau!« Till umarmte sie.

»Ich freue mich so für dich, Lily. Du hast da draußen alle gerockt!« Auch Eva schloss sich der Umarmung an.

»Ich habe Hunger, lasst uns was essen!«, sagte Till, nachdem die Mittagspause angekündigt worden war.

Zu aufgeregt, um etwas zu essen, saß Lily nur da und starrte in ihren Salat.

Eva sprach ununterbrochen über Lilys Vortrag, bis Till ihr andeutete, sie solle sich beruhigen. »Du siehst ein bisschen blass aus. Möchtest du etwas Luft schnappen?«, fragte Till. Lily nickte. Sie verbrachten den Rest der Pause draußen schweigend und auf der Bank sitzend.

Die restlichen Beiträge waren auch gut. Darunter waren zwei weitere, die ebenfalls mit stehenden Ovationen verabschiedet wurden. Die Konkurrenz war extrem stark.

An diesem Nachmittag verdrehte sich Lilys Magen noch einige Male.

Es gab eine kurze Pause für die zehnköpfige Jury. Sie zogen sich zurück, um den Gewinner zu bestimmen. Die Schulglocke klingelte zum letzten Mal, und die Schüler und Lehrer kehrten auf ihre Sitze zurück.

Lily stellte sich zwischen Eva und Till und ergriff ihre Hände. Nun standen sie mit all den anderen Teilnehmern hinter der Bühne und warteten.

Was auch immer passiert, ich werde damit zufrieden sein.

Das Scheinwerferlicht ging wieder an und Herr Donau stand auf der Bühne.

Er rief alle Moderatoren zu sich.

»Viel Glück!«, sagten Eva und Till gemeinsam.

Lily ging auf die Bühne und stellte dabei sicher, dass sie so weit wie möglich von Viktoria weg stand.

»Das war das erste Mal, dass wir eine solche Veranstaltung organisiert haben«, begann Herr Donau. »Aber ich glaube nicht, dass es das letzte Mal gewesen sein wird. Wir haben in den letzten Stunden so viel darüber gelernt, wie wir unserer Umwelt helfen können, den Planeten retten, Tiere und sogar uns selbst schützen können. Ich möchte mich bei allen fünfzehn ehrgeizigen jungen Erwachsenen bedanken, die heute auf der Bühne standen. Ihr seid unsere Zukunft. Ihr habt die Macht, die Welt zu verändern. Außerdem bitte ich alle diejenigen, die heute nicht auf der Bühne standen, an ihren Plänen und Ideen festzuhalten und sie weiter zu verfolgen. Die gesamte Schulverwaltung ermutigt euch dazu, eure Leidenschaft zu finden und ihr zu folgen!

ABER leider können wir nur einen von euch nach Berlin schicken. Die Jury hat den Gewinner ausgewählt. Frau Funkel, bitte bringen Sie mir den Umschlag.«

Die Schmetterlinge in Lilys Bauch fuhren jetzt Achterbahn.

Herr Donau öffnete vorsichtig den versiegelten Umschlag und las still den Namen, der auf dem Blatt Papier stand. Er hielt inne und blickte zu jedem Schüler, der auf der Bühne stand. Dann wandte er sich zum Publikum um und fuhr fort.

»Mädchen und Jungen, Kollegen und Mentoren, ich bin stolz, euch jetzt den ersten Gewinner des Wettbewerbs ›Finde deine Bestimmung‹ bekannt zu geben. Der glückliche Gewinner erhält eine kostenlose Fünf-Tagesreise nach Berlin mit Übernachtung im Vier-Sterne-Hotel, einen Ausflug in ein Museum seiner Wahl, einen Termin im Deutschen Bundestag, um seine oder ihre Idee zu präsentieren. Dazu kommt ein angemessenes Tagesgeld für Lebensmittel und Souvenirs. Das gilt nicht nur für den Gewinner, sondern auch für drei andere Familienmitglieder oder Freunde.

Und jetzt, ohne weitere Umschweife. Der Gewinner ist ...«

Lily schloss die Augen.

»Lily Bowers für ihren brillanten Vortrag ›Die Wahrheit über Tierversuche und deren Alternativen fürs alltägliche Leben‹.«

Das Publikum jubelte und applaudierte. Lilys Körper erstarrte zur Salzsäule.

Das Mädchen neben ihr stupste sie an. »Pssst, Lily, du hast gewonnen. Herzlichen Glückwunsch! Geh und hol dir deine Trophäe.«

Lily öffnete die Augen und eilte los, um sie in Empfang zu nehmen.

Ihre Augen richteten sich auf den kleinen silbernen Pokal mit der Gravur ›Finde deine Bestimmung – Du wirst Berge versetzen‹.

Hmmm, das hat mir der Laborleiter gesagt, und die eine Ameise!

Lily bedankte sich bei Herrn Donau, der ihr das Mikrofon gab.

Sie schnappte nach Luft. *Ach nein! Ich habe nie daran gedacht, eine Dankesrede vorzubereiten!*

Sie dankte Eva, Till, Marc und ihren Eltern für ihre Hilfe. Außerdem sagte sie noch, dass sie in Berlin ihr Bestes geben würde und dass sie ihren Wunsch weiter vorantreiben wolle, so viele Tiere wie möglich zu retten. Dann machte sie eine Pause, um sich bei ihren besonderen Freunden zu bedanken, die nicht im Publikum waren. Sie wüssten, wer gemeint sei. Die Rede endete mit dem Versprechen, eine Liste einfacher Dinge zu veröffentlichen, mit deren Hilfe jeder einzelne das Verbot gegen Tierversuche unterstützen könnte.

Der Rest des Tages erschien Lily irgendwie unwirklich.

Jeder andere, der am Wettbewerb teilgenommen hatte, gratulierte ihr. Außer Viktoria.

Till erzählte Lily später, dass er gesehen habe, wie Viktoria rechts von der Bühne geschlichen sei, nachdem Herr Donau Lily als Siegerin bekannt gegeben hatte.

Lilys Mutter wartete vor dem Schulgebäude auf sie, um mit Lily, Eva und Till zu feiern.

Sie aßen ein Eis in der Innenstadt. Zum Abendessen waren sie in Lilys Lieblingsrestaurant, dem Restaurant im Dornröschenschloss Sababurg. Als sie wieder zu Hause war, ging Lily nach oben und erzählte Ralph die ganze Geschichte.

Er war so aufgeregt und streckte dabei seinen Kopf so weit aus seinem Panzer heraus, dass sein Hals immer wieder einknickte.

Gerade als Lily das Licht ausmachen wollte, um zu Schlafen, erschien Alo an ihrem Fenster. Sie freute sich sehr, ihn zu sehen, doch als sie anfing, ihm von ihrem Tag zu erzählen, schlief sie sofort ein.

Das Einschlafen in dieser Nacht dauerte weniger als zehn Sekunden. Sie konnte zwar nicht mehr zählen, aber das erledigte Ralph für sie.

Der nächste Schultag war anders als alle anderen zuvor. Das Zulächeln und die Glückwünsche auf dem Flur waren zuerst ganz nett, aber nach einer Weile wurde ihr die Aufmerksamkeit ein bisschen lästig. Lily war nicht besonders daran interessiert, ständig angestarrt zu werden.

Ich hoffe, dass beruhigt sich bald wieder.

Allerdings machte es ihr auch nichts aus, Lob von ihren Freunden zu hören.

»Meine Mutter kauft seit Jahren tierversuchsfreie Produkte. Sie ist so stolz auf dich und möchte dich zum Abendessen einladen. Lass mich wissen, wenn du kommen kannst, okay?«, sagte Marc auf dem Weg in die Pause.

»Oh, jetzt hängst du mit einem anderen Jungen ab. Du kommst ja rum, Miss Flirty«, unterbrach sie Viktoria.

Lily stellte sich breit vor Viktoria, sah ihr direkt in die Augen und sagte ruhig: »Ich treffe mich immer mit wunderbaren Menschen wie ihm, weil er nicht nur intelligent und superkreativ ist, sondern auch die erstaunliche Fähigkeit hat, alle um ihn herum zum Lachen zu bringen. Das sind tolle Eigenschaften, und dafür bewundere ich ihn wirklich.«

»Komm schon, Marc, lass uns nach draußen gehen, wo die Sonne scheint. Hier ist es zu düster und bedrückend.« Lily nahm sanft seine Hand und begleitete ihn nach draußen.

»Wow! Das zu sagen, war wirklich süß von dir. Danke.«

»Und, ich habe jedes Wort so gemeint«, sagte Lily mit einem Lächeln.

22

AN ANDERE DENKEN

Während des Mittagessens sah Till sehr verärgert aus und redete nicht viel. »Was ist los?«, fragte Lily.

»Ich habe bei der letzten Mathearbeit meine erste 4 bekommen. Ich weiß nicht, ob es daran lag, dass ich die meiste Zeit an dem Vortrag mitgearbeitet habe oder ob ich in diesem Jahr an meine schulischen Grenzen komme.«

»Eine 4 ist ausreichend, um durchzukommen! Ich habe letzte Woche eine 6 in meiner Englischarbeit bekommen!«, jammerte Eva.

»Oh, nein. Das tut mir leid! Ich wusste das gar nicht«, seufzte Lily. »Ich wollte nicht, dass einer von euch wegen mir schlechte Noten bekommt. Habt ihr mit euren Lehrern gesprochen?«

»Ja, aber sie hatte recht mit ihrer Note. Diesmal habe ich es einfach vermasselt«, sagte Till.

»Du weißt ja, Lily. Ich bin richtig schlecht in Englisch. Es war nur eine Frage der Zeit«, sagte Eva und senkte den Kopf.

»Eva, ich fühle mich grauenvoll. Ich kann dir aber bei Englisch helfen. Wir werden gemeinsam für die nächste Klassenarbeit lernen, in Ordnung? Till, ich fürchte, dir kann ich nicht helfen. Es tut mir wirklich leid, aber vielleicht kann ich dich anderweitig unterstützen?«

»Du kannst wirklich nichts tun, Lily. Es ist nicht deine Schuld. Aber wenn ich meine Mathenoten nicht verbessern kann, werde ich mich nicht für den nächsten Robotik-Wettbewerb im Januar qualifizieren können. Und ich habe mich wirklich darauf gefreut. Aber vielleicht wird die nächste Arbeit nicht so schlecht, mal sehen.«

»Es tut mir wirklich leid.« Lily konnte nicht anders, sie fühlte sich einfach schuldig.

»Was soll man machen?«, sagte Till. »Ich sollte gehen und lernen. Bis später, ihr beiden.«

Lily hatte nur zwei Wochen Zeit, um sich auf die Berlin-Reise vorzubereiten. Till oder Eva wollte sie dafür aber nicht um Hilfe bitten. Sie hatte wegen deren Noten eh ein schlechtes Gewissen.

Was sie jedoch aufmunterte, war, dass sie drei Personen mitnehmen durfte. Ihr Vater entschloss sich, zu Hause zu bleiben und weiter zu arbeiten. Deshalb lud sie Eva und Till ein, mitzukommen. Und ihre Mutter.

»Sie haben es sowieso mehr verdient als ich«, sagte Lilys Vater.

Lily wollte in Berlin nicht so einen Auftritt wie in der Schule hinlegen. Sie wusste, dass Politiker Zahlen und Fakten brauchten und keine Show. Ihre Mutter half ihr bei ihren Recherchen und ihr Vater mit dem Präsentationsstil.

Zwei Tage vor ihrer Reise nahm Lily die Münze aus dem Schreibtisch. Direkt vor ihren Augen begann sich etwas zu verändern. Eine alte Frau mit einem schwarzen Umhang erschien. Auf der anderen Seite stand: ›Du hast eine unglaubliche Gabe. Setze sie mit Bedacht ein‹.

Lily rief Alo. Nach nur zwei Minuten war er bei ihr auf dem Balkon. »Wow, das war schnell!« Lily ließ ihn herein.

»Ich habe deinen Ruf erwartet.«

Lily zeigte ihm die Münze.

»Ja, ich spürte, dass sie sich bald verwandeln würde.«

»Wer ist diese alte Dame? Ich habe sie einige Male gesehen. Sie muss hier in der Nähe wohnen. Sie kennt meinen Namen, aber ich kenne ihren nicht.«

»Sie hat keinen Namen. Es wäre erniedrigend, ihr einen menschlichen Namen zu geben, den sie mit anderen teilen müsste. Sie ist einzigartig. Sie schützt und pflegt alle lebenden Organismen. Lily, du kennst sie gut!«

»Was? Wie kann das sein? Sie ist nur eine alte Frau, die ich an der Bushaltestelle getroffen habe!«

»Unsere geliebte Mutter Natur nimmt viele Formen an und kann jede Rolle spielen, die zu einem bestimmten Zeitpunkt von ihr benötigt wird. Sie wusste, wie sehr du deine Urgroßmutter geliebt hast und sie jetzt vermisst und... wie sie dein Herz berühren kann. Das war kein Zufall, dass du sie an der Bushaltestelle getroffen hast. Das war ihre Zauberkunst.

Einmal habe ich gesehen, wie sie sich in eine Schwimmweste aus Kork verwandelt hat, um ein in einem See ertrinkendes Kind zu retten. Sie überdenkt genau, wem sie sich zu erkennen gibt und wem sie hilft. Dass du sie gesehen hast, beweist, dass es einen guten Grund dafür gegeben hat.«

»Aber ich bin mir sicher, du wirst mir diesen Grund nicht verraten, oder?«

»Ich würde, wenn ich es könnte.«

»Wie auch immer. Was bedeutet die Münze?« Lily war ein wenig verdrießlich. »Ich weiß, dass ich die Gabe habe, mit Tieren zu sprechen. Und ja, es ist unglaublich. Aber wie kann ich sie mit Bedacht verwenden? Ich rede mit dir. Ich habe meine Gefährten im Wald. Nutze ich meine Fähigkeit nicht schon jetzt mit Bedacht?«

»Ja, das tust du. Manchmal allerdings sollte man sich vom Offensichtlichen abwenden und sich dem Neuen zuwenden. Du musst jetzt andere überzeugen, ihre festgefahrene Meinung zu ändern. Es dauert, bis sie das einsehen.«

Alo drehte sich um und sah zur Tür. »Wenn ich jetzt hinunter ins Wohnzimmer gehen würde, was täten deine Eltern dann?«

»Mein Vater würde bestimmt versuchen, dich mit irgendwas zu erschlagen. Meine Mama würde wahrscheinlich nur in Ohnmacht fallen«, sagte Lily mit einem Augenzwinkern.

»Ja, weil sie mich als Bedrohung ihrer Existenz ansehen. Sie würden um ihr eigenes Leben fürchten und versuchen, dein Leben zu schützen. Aber wenn ein Reh in ihr Wohnzimmer kommen würde, was würden sie dann tun?«

»Hhmmm, ich wette, sie würden die Hintertür öffnen und es rausführen, damit es zurück in den Wald laufen kann.«

»Richtig. Jede Tierart löst bestimmte Emotionen beim Menschen aus. Wenn du willst, dass Menschen auf eine bestimmte Art und Weise auf etwas reagieren, dann denke an eine bestimmte Tierart, die dieses Verhalten bei ihnen auslösen könnte. Denke also an dein Publikum. Wie willst du, dass sie sich während deiner Präsentation fühlen?«

Lily verbrachte ein paar Minuten damit, über diese Frage

nachzudenken, und schließlich platzte es aus ihr heraus: »Ich möchte, dass mein Publikum Sympathie für Labortiere empfindet.«

»Ah, sehr gut. Und welche Tiere können dir dabei helfen?«, fragte Alo.

»Ich habe keine Ahnung, sag es mir einfach«, antwortete Lily ungeduldig.

Alo runzelte die Stirn.

»Okay okay, ich werde es selbst herausfinden«, seufzte Lily.

»Lass mich dich jetzt mit diesem letzten Gedanken verlassen. Hör auf die Botschaft von Mutter Natur. Sie lautet: ›Du hast eine unglaubliche Gabe. Setze Sie mit Bedacht ein‹. Nutze uns, Lily. Wir werden alles tun, um dich zu unterstützen. Du musst das nicht alleine machen.«

Lily war allerdings nicht zufrieden damit. Sie war nicht allein. Ihre Mutter, Eva und Till kamen mit ihr. Aber sie hatte jetzt auch keine Zeit für dieses Rätselraten. Die Reise nach Berlin war in zwei Tagen, und sie war mit der Vorbereitung fertig. Warum sagte er ihr nicht einfach, was sie tun sollte?

Lily wandte sich an Ralph, um sich zu beklagen.

»Aber Lily! Alo ist eine Orientierungshilfe, nicht dein Feldwebel. Es ist nicht seine Aufgabe, dir Befehle zu erteilen. Seine Aufgabe ist es, dir zu helfen, bestimmte Situationen zu erkennen und die Möglichkeiten zu sehen, die sich daraus ergeben. Deine Aufgabe ist es, ihm zuzuhören und dann den richtigen Weg für dich zu wählen.«

»Ich weiß, aber ich bin doch schon fertig. Was brauche ich denn noch mehr?«

Lily machte sich Sorgen, dass ihre Präsentation nicht gut genug war.

»Anscheinend ein bisschen Hilfe von deinen Tierfreunden!«, sagte Ralph. »Sei geduldig und mach dir keine Sorgen. Die Antworten wirst du schon erhalten.«

»Danke, aber ich mache mir Sorgen. Was ist, wenn ich keine Antworten finde?«

»Dann sollte es eben nicht sein. Du wirst das gut machen. Entspann dich. Und iss was. Deine Mutter wird dich jede Sekunde rufen.«

»Lily, Zeit zum Abendessen«, rief Lilys Mutter von unten.

»Siehst du, ich kann es immer riechen, wenn das Essen auf dem Tisch steht! Lass es dir schmecken und hebt mir was auf.«

Lily warf sich im Bett hin und her.

Ralph fing an zu summen, wahrscheinlich, um ihre Nerven zu beruhigen.

»Danke, Ralph«, flüsterte Lily. Irgendwann schlief sie ein.

Sie fand sich mitten in einem dunklen, feuchten Wald wieder. Die Bäume und Lichtungen waren ihr fremd.

Lily spürte, wie ein Schauer ihren Körper durchlief. Sie suchte nach etwas Vertrautem. Aber da war nichts, was sie kannte.

Plötzlich ein lautes Knacken hinter ihr. Lily drehte sich langsam um. Sie hatte ein ungutes Gefühl in der Magengrube.

Dort stand eine vertraute Gestalt. »Ich werde dich holen, also solltest du besser losrennen!«

Lily schrie, drehte sich sofort wieder um und begann so schnell zu laufen, wie sie konnte.

»Ich kann deine Angst riechen!«, rief er ihr nach.

Lily holte tief Luft.

Oh wow, ich kann meine eigene Angst auch riechen. Vielleicht ist es nur mein eigener Schweiß, aber Menschen können Angst eigentlich nicht riechen. Wir können sie vielleicht spüren, aber wir können sie nicht riechen. Oder können wir das doch?

Als sie hinter sich blickte, stolperte sie über einen Stamm. Entsetzt stellte sie fest, dass er näher gekommen war. Da kam noch ein größerer Baumstamm. Ich werde einfach darüber springen, genau wie er.

Sie sprang so hoch, wie sie konnte über den Stamm, aber ihr linker Fuß verfing sich in einem kleinen Ast und sie stürzte hart zu Boden.

»Auuuu!« Lily packte sich an ihr linkes Bein und rollte sich auf den Rücken.

Jetzt konnte sie ihm nicht mehr entkommen. Sobald er sie eingeholt hatte, packte er sie.

Lily spähte durch die Schlitze ihrer fast geschlossenen Augen.

Geifer tropfte aus seinen Mundwinkeln, als er ihr mit weit geöffnetem Maul seine Zähne zeigte.

»Erwischt!«

»Wirst du mich fressen?«, fragte sie.

»Ich weiß nicht, was du machst, aber ich esse keine Menschen, wenn ich ›Fang mich‹ mit ihnen spiele. Du etwa?«

Lachend stupste der Wolf mit seiner feuchten Nase an Lilys Wange. »Wach auf! Wach auf, Lily! Es ist jetzt Zeit, nach draußen zu gehen!«

Lily erwachte und schnappte nach Luft. Sie lag zusammengerollt in ihrem warmen Bett.

Als sie merkte, dass es nur ein weiterer seltsamer Traum war, seufzte sie. Dann stieg sie langsam aus ihrem Bett und machte sich für die Schule fertig.

Mit hängendem Kopf ging Lily aus der Haustür. Sie schaute zur Bushaltestelle, um zu sehen, ob Till schon dort wartete. Er war noch nicht da. Aber sie war nicht allein.

Überall in ihrem Vorgarten waren kleine Tiere! Welpen, Kätzchen, Hasen und Tauben. Es mussten dreißig oder vierzig von ihnen sein! Sie entdeckte Sam, die Eule aus ihrem Team, auf dem Ast eines kleinen Baumes sitzen.

Lily sah sich um, ob irgendjemand anderes das mitbekommen hatte. Aber zum Glück war sie mit ihnen allein. Also fragte sie leise: »Was macht ihr alle hier? Solltet ihr nicht bei euren Mamas zu Hause sein?«

Sam flog zum Balkongeländer hinüber. »Ich werde dafür sorgen, dass sie alle ihren Weg zurück nach Hause finden. Was jetzt wichtiger ist, ist deine Reise nach Berlin. Wir möchten dir alle bei deiner Präsentation helfen.«

»Aber wie? Meine Präsentation ist bereits fertig.« Lily drehte sich zu Sam um und starrte in seine enorm großen runden Augen, die sich nie zu schließen schienen.

Sofort fühlte sie sich wieder ruhig.

»Was ist hier los, im Bowers-Zoo?«, unterbrach sie Till.

»Sie wollen mir in Berlin helfen, und weißt du was? Ich denke, ich weiß endlich wie! Komm, lass uns gehen. Auf dem Weg zur Schule werde ich dir alles erzählen.«

Sie wandte sich an Sam. »Danke, du bist mein Lebensretter! Danke an alle von euch! Ich muss jetzt gehen, aber ihr werdet heute Nachmittag von mir hören. Ich wünsche euch einen schönen Tag!«

Lily rannte Till zur Bushaltestelle nach.

»Ähm, Lily, diese Welpen und Kätzchen auf deinem Rasen. Ich kann verstehen, dass Sam da ist oder die Tauben oder vielleicht sogar ein Reh. Aber wo kommen die Welpen und Kätzchen her?«

»Ich denke aus der ganzen Stadt, aber ich weiß es nicht. Sie waren schon dort, als ich rausgekommen bin.«

Als sie später Eva trafen, erklärte Lily ihnen ihren neuen Plan.

23

IM PARLAMENT

Ein Taxi brachte sie zum Bahnhof. Erfreut darüber, dass sie im Zug ein Abteil in der ersten Klasse für sich allein hatten, schnappte sich Till direkt einen Fensterplatz. Er lehnte seinen Kopf an und schlief sofort ein.

Lily saß ihm gegenüber. »Bist du nicht früh genug ins Bett gekommen?« Dabei gab sie ihm einen leichten Stupser mit dem Fuß.

»Ich konnte nicht gut schlafen. Durch all das Heulen, Huhen, Krächzen und Zwitschern draußen bin ich immer wieder aufgewacht. Es klang wie ein Tierchor, der sang: ›Dies ist keine stille Nacht‹. Hast du das nicht auch gehört?«

»Ja sicher. Aber dieses Konzert hat mir tatsächlich geholfen, mich zu entspannen und einzuschlafen«, sagte Lily mit einem Lächeln.

Sobald sie die Stadt verlassen hatten, sah Lilys Mutter aus dem Fenster. »Unglaublich! Schau dir all diese Hasen an. Dort müssen Hunderte von ihnen sein!«

Jeder einzelne Hase schaute zum Zug und stand aufrecht auf seinen Hinterfüßen.

»Sie stehen in Habachtstellung!« Eva stupste Till an, um ihn zu wecken.

Lily zwinkerte Eva und Till zu und legte ihre Hände flach auf das Fenster.

Der Zug fuhr ziemlich schnell, aber die Reihe der Hasen schien endlos zu sein. Schließlich, nach ungefähr fünf Minuten, waren keine mehr zu sehen.

Während der nächsten zwei Stunden sahen sie viele weitere Tiere. Hirsche senkten die Köpfe, als der Zug vorbeifuhr. Hunderte verschiedener Vogelarten flogen während der gesamten Reise neben dem Zug her.

»Schau dir all diese süßen Mäuse an!«, quietschte Lily vor Freude.

Große Gruppen von Katzen, Hunden und Nutztieren versammelten sich ebenfalls. Nur die Haltestellen waren tierfrei.

»Guten Tag, hier spricht Ihr Lokführer. Wenn Sie es nicht

schon bemerkt haben, schauen sie jetzt nach links. Wir haben da ein paar Hundert Fans, die uns eine gute Reise wünschen wollen.«

Till scherzte: »Wenn er nur wüsste.«

Lilys Mutter sah Till seltsam an. »Wenn er was wüsste?«

»Ähm, na ja, dass Lily sie retten wird«, antwortete Eva nach einem kurzen Moment der Stille.

Nachdem sie ihre Haltestelle erreicht hatten, gingen sie zu Fuß zum Hotel. Es waren nur ein paar Häuserblocks.

Als sie durch den Haupteingang des Hotels gingen, gurrte Eva vor Bewunderung. Beeindruckt betrachtete sie die vielen modernen Gemälde, die in der wunderschön eingerichteten Lobby an den Wänden hingen.

Lily und ihre Mutter gingen zur Rezeption, um einzuchecken. Sie mussten sich alle ein Zimmer teilen. Aber nicht irgendein Zimmer. Es war eine große Suite mit zwei Schlafzimmern, einem riesigen Badezimmer mit zwei Waschbecken und einem Wohnbereich mit einer Couch und zwei wuchtigen Liegesesseln.

Den Rest des Nachmittags genossen sie dann Berlin. Zum Abendessen gingen alle in eine kleine, unterhaltsame italienische Pizzeria. Till musste sehr über jeden Witz lachen, den der Pizzabäcker machte, während er mit dem Teig in der Luft jonglierte.

Lily liebte es, Pizzabäckern bei ihrer Arbeit zuzusehen. Hier in Deutschland hatte sie kaum die Gelegenheit dazu. Aber sie konnte sich an einen Besuch von ›Little Italy‹ in New York erinnern. Da hatte sie den Pizzabäckern beim Jonglieren durch das Fenster zugesehen.

»Hier gibt es die beste Pizza auf der ganzen Welt«, hatte ihr Vater immer gesagt. Leider konnte sie sich nicht mehr an den Geschmack erinnern.

Lily und ihre Eltern besuchten ihre Großeltern in New York zweimal im Jahr. Solange, bis sie dann nach Deutschland gezogen waren. Sie vermisste sie und ihre alten Freunde aus Colorado sehr. Das war das Schwierigste daran, eine Auswanderin zu sein.

Jedes Jahr zu Weihnachten wünschte sie sich, dass jemand endlich einen Teleporter erfinden würde, so wie im Raumschiff … Na ja, ›Beam me up‹ und so! Aber leider ging ihr Wunsch nicht in Erfüllung. »Da sind doch Millionen brillanter Ingenieure in Deutschland und den USA. Warum kann nicht nur einer davon so ein Ding erfinden? Tja!«, scherzte sie oft.

Sie genossen die Geschäftigkeit der Großstadt und gingen durch die Straßen, bis es spät wurde. Morgen würde ein ganz entspannter Tag werden, denn sie planten einen Museumsbesuch.

Am nächsten Morgen nahmen sie ein herzhaftes Frühstück im Hotelrestaurant zu sich. Das Buffet war riesig.

»Lasst uns zu Fuß zum Museum gehen. Es ist nicht weit, und es ist so ein wunderschöner Tag«, schlug Lilys Mutter vor.

Lily liebte es, durch Museen zu schlendern. Sie konnte dabei immer alles um sich herum vergessen. Genau wie ihr Vater konnte sie sich geschichtliche Sachen gut merken. Ihre Mutter? Eher weniger.

»Wie kannst du all diese Dinge behalten?«, fragte Lilys Mutter immer. Sie hatte es längst aufgegeben, die ganzen Informationstafeln zu lesen.

Die letzte Ausstellung im Museum war die mit den Tierkörperpräparationen. »Ja, endlich etwas wirklich Cooles.« Lilys Mutter huschte wissbegierig durch den Eingang.

Als sie gerade eingetreten waren, verspürte Lily einen Sog nach links und stolperte fast über ihre Füße. Da war es wieder, als sie weiter geradeaus gehen wollte, um ihrer Mutter zu folgen. Nur diesmal stolperte sie und fiel zu Boden.

»Oh, bist du in Ordnung?« Till streckte seine Hand aus und zog sie ohne Anstrengung wieder hoch.

»Ja, sieht so aus, als ob ich nicht mehr geradeaus laufen kann«, Lily lächelte nervös.

Sie wurde buchstäblich in den Raum links von ihr gezogen. Lily gab diesem Drang nach. Ihr Herz schlug jetzt schneller als das eines Tauchfalken.

Da war er in seiner Glasbox. Im Licht sah er selbstgefällig aus. Und tot.

Lily sah tief in die Augen eines Braunbären. Sie las dort dessen Geschichte, wie er einst von seiner Mutter verlassen und von Menschen aufgezogen worden war. Ein Gehirntumor verursachte seinen frühen Tod.

»Ich wollte nur geliebt werden«, flüsterte eine junge Stimme.

Lily sah sich um. Sie war allein im Raum. Alleine mit diesem ausgestopften Bären.

»Bist du das, Bär?«

»Ich bin sein Geist. Alles, was wir wollen, ist geliebt zu werden und frei zu sein. Danke Lily, dass du hier bist und mich besuchst. Ich fühle mich geehrt.«

»Es tut mir so leid, wegen deines Verlustes und deiner Schmerzen. Aber deine Seele lebt weiter. Hast du jetzt deinen Frieden gefunden?«

»Ja. Ich habe meinen Frieden, bin frei und werde geliebt. Aber ich mache mir Sorgen um meine Verwandten, denn sie werden bald ausgestorben sein. Ich besuche sie während ihrer dunkelsten und einsamsten Stunden, um ihnen Kraft zu geben, weiter zu machen. Es hilft ihnen. Aber genug jetzt von mir. Ich habe dich zu mir gelockt, weil ich dir sagen wollte, dass ich stolz auf dich bin. Hier im Museum sind wir das alle. Wir wünschen dir viel Glück. Du bist sehr geliebt, auch hier.«

»Hey Lily, komm her! Das musst du dir ansehen«, unterbrach Lilys Mutter sie mit einem lauten Flüstern.

Lily wandte sich wieder dem Bären zu. »Danke für deine

lieben Worte. Ich hoffe, ich kann deine Verwandten eines Tages retten.«

Nach dem Museumsbesuch machten sie eine Bootsfahrt entlang der Spree. Sie beendeten die Tour mit einem Abendessen bei Sonnenuntergang in einem örtlichen Café. Es war der perfekte Ausklang eines vergnüglichen Tages. Um 20:00 Uhr waren alle wieder in ihrer Suite und gingen früh zu Bett, denn morgen war Freitag. Der Tag von Lilys Präsentation im Bundestag.

Lily konnte zum Glück schnell einschlafen und wachte erst wieder auf, als ihre Mutter sie morgens am Kopf streichelte.

Sie hatten genug Zeit, sich fertig zu machen und noch mal ein herrliches Frühstück zu genießen. Lily aß allerdings nicht viel. In Ihrem Bauch rumorte es wieder. Sie schaffte es gerade so, etwas Müsli zu essen. Aber im Vergleich zum gestrigen Frühstück war das nichts.

Nachdem sie sich angezogen hatte, inspizierte Lily im Spiegel ihren stylishen Hosenanzug. Sie sah aus wie eine Jungunternehmerin.

Du kannst das, Lily! Sie sprach das einige Male mit leiser Stimme vor sich hin.

Unglücklicherweise vertrieb dieses aufmunternde Selbstgespräch nicht ihre Nervosität.

»Lass mich dir helfen, Liebes!«, bot ihre Mutter ihr an. Sie konnte nicht länger dabei zusehen, wie Lily an dem Reißverschluss ihrer Tasche rumhantierte.

»Denke immer daran, dass das nichts anders sein wird als dein Vortrag in der Schule. Tatsächlich ist es einfacher, weil du hier niemanden kennst. Aber ich wette, nachdem du da wieder raus gehst, werden sie deinen Namen nicht mehr vergessen!«

»Deine Mutter hat recht«, mischte sich Till ein. »Alles, was sie denken werden, ist, wie inspirierend dieses Mädchen Lily Bowers ist und was sie selbst dazu beitragen können, etwas zu ändern.«

»Danke, ich weiß das wirklich zu schätzen«, sagte Lily nicht ganz überzeugt. »Na dann! Los gehts. Ich bin fertig.«

Sie gingen die paar Häuserblocks zu Fuß zum Deutschen Bundestag. Nach der Sicherheitskontrolle wurden sie von einem freundlichen Mitarbeiter begrüßt, der sie durch einen langen Flur in ein Wartezimmer führte.

Lily schaute aus einem großen Fenster und sah ein paar Leute auf dem gepflegten Grundstück herumlaufen. Es war ein kühler, sonniger Herbsttag.

Sie ging ihre Rede im Kopf noch einmal durch, bis ein Mann kam und sie in den Plenarsaal führte. Dort, wo alle Politiker ihre Positionen darlegten und sie dann diskutierten.

Jetzt gehts los! Bleib ruhig und gib einfach dein Bestes.

Lilys Mutter, Eva und Till umarmten sie ein paar Mal. Sie gaben ihr noch einige aufmunternde Worte mit und gingen ihr dann nach. Diesmal war Lily ganz allein. Es gab keine große Show, keine Gitterstäbe, hinter denen man sich verstecken konnte und auch keine Scheinwerfer. Da waren nur sie, ein paar Folien und ihre Rede.

Sobald sie hereinkam, wurde es still im Raum. Alle Augen waren auf sie gerichtet. Die Anwesenden standen auf und applaudierten, als Lily zum Podium ging. Sie brauchten anscheinend keine Einführung von ihr. Alle erwarteten sie bereits und schienen den Grund für ihre Anwesenheit zu kennen.

Sie erklärte, warum sie sich begeistert für Tierrechte einsetzte und insbesondere gegen Tierversuche sei. Sie berichtete auch darüber, was sie in den letzten Monaten unternommen hatte, um Dinge in ihrem eigenen Haushalt mit Hilfe ihrer Eltern zu ändern. Und wie sie plante, andere dazu zu bewegen, dasselbe zu tun.

Sie bat den Mann, der sie hereingebracht hatte, freundlich das Licht abzudunkeln, und startete ihren Film. Wieder einmal brachte Lily die Zuhörer in ihren Wald. Obwohl ihr Publikum schon viele dieser Zahlen und Tatsachen kannte, waren sie dennoch entsetzt und angewidert. Eine solche Reaktion hatte sie nicht erwartet, war aber dankbar dafür.

Nach dem Film gingen die Lichter wieder an. Lily sprach dann ausführlich über die tierversuchsfreien Forschungsmethoden und darüber, wie sicher, effizient und billig sie waren.

Sie fragte einen Politiker in der ersten Reihe, warum diese Methoden nicht Standard wären. Er zuckte nur mit den Schultern.

»Wissen Sie es?«, fragte sie eine Frau in der dritten Reihe links von ihr. Stille.

»Ich werde Ihnen sagen, was ich denke. Es ist unsere Mentalität. Das ist alles. Es liegt nicht daran, dass es zu teuer oder zu zeitaufwendig wäre, diese Änderungen umzusetzen. Das ist leicht. Aber unsere Spezies hat Angst vor Veränderung. Wir wollen uns häufig nicht an neue Situationen oder andere Umgebungen anpassen. Anstatt uns anzupassen, machen wir einfach das weiter, was wir immer gemacht haben. Warum ein laufendes System ändern, nicht wahr? Aber es wird uns nicht helfen, diese unmenschlichen Gewohnheiten fortzuführen. So werden wir uns als Gesellschaft nicht weiterentwickeln.«

Dann bat sie alle Anwesenden, aufzustehen und zu den Fenstern zu gehen, von wo aus man das Gelände überblicken konnte.

Der Raum füllte sich mit dem Geräusch eiliger Schritte und dem Raunen der Leute. Ihr Getuschel wurde lauter, als die Politiker nach draußen schauten. Eine Mischung aus erstaunten und empörten Ausrufen erfüllten nun den Saal.

Tausende Welpen, Kätzchen, Hirsche, Mäuse, Tauben und Eulen tollten fröhlich inmitten der Menschen herum. Die Erwachsenen waren entweder starr vor Abscheu oder damit beschäftigt, mit ihren Mobiltelefonen Bilder zu machen. Die Kinder lachten und sprangen vor Freude.

Es war, wie Sam es vorausgesagt hatte. Lily hörte das Lachen und Schmunzeln der Politiker. Schreck und Empörung hatten sich schnell in Sympathie und Zuneigung verwandelt.

Eine Frau schrie, als eine riesige Eule durch ein offenes Fenster in den Plenarsaal flog und auf dem Podium landete, wo Lily immer noch stand. Lily zwinkerte Sam zu.

Mit lauter Stimme bat Lily alle, zurück auf ihre Sitzplätze zu gehen.

»Darf ich Ihnen meine Freunde vorstellen, die sich heute hier mit mir versammelt haben, um ihren Freunden in den Käfigen zu helfen und sie zu retten. Und das ist Sam, mein treuer Gefährte. Er hat mir geholfen, den Mut aufzubringen, heute vor Ihnen allen zu sprechen.«

Lily sah zu ihrer Mutter hinüber. Der schien gerade die Kinnlade herunterzufallen. Sie deutete auf ihre Mutter: »Und dort ist meine Mutter, die auch keine Ahnung davon hatte, dass ich so viele Freunde habe.« Gelächter erfüllte den Raum.

»Vor ein paar Monaten war ich genauso überrascht wie Sie jetzt. Ich wusste auch nichts über Tierversuche. Ich habe einfach Dinge in Läden gekauft, ohne darüber nachzudenken, wie sie hergestellt werden. Und ich habe das auch nie infrage gestellt. Aber dann, als ich den Schaden erkannte, den ich unschuldigen Tieren, unserem Planeten und letztlich mir selbst antue, habe ich mich dazu entschlossen, mich eingehend zu informieren. Mithilfe meiner Freunde habe ich daraufhin den Mut gefunden, heute vor Ihnen zu sprechen. Sie haben als Politiker die Macht, diese Dinge zu verändern und diese Grausamkeiten zu stoppen!

Lassen Sie uns ab heute darauf hinarbeiten, Tierversuche zu verbieten. Ich bin hier, um Sie bei diesem Vorhaben zu unterstützen.«

24

DIE STIMME DER TIERE

Mit diesen Worten verließ Lily das Podium und setzte sich auf den ersten leeren Platz, den sie sah. Die Frau neben ihr stand auf und fing an zu klatschen. Alle anderen stimmten ein. »Lily, steh auf«, sagte die Frau und stupste sie leicht an.

Sam machte drei Ehrenrunden durch den Saal. Dann flog er durch dasselbe offene Fenster hinaus, durch das er gekommen war.

Die Bundeskanzlerin begleitete Lily zurück zum Podium. »Lily, du bist ein beeindruckendes junges Mädchen. Ich würde mich geschmeichelt fühlen, dich in unserem Team zu haben!

Ich persönlich würde gerne heute Tierversuche verbieten, aber es ist nicht ganz so einfach. Das Ganze wird einige Zeit in Anspruch nehmen. Zuerst müssen wir sicherstellen, dass die tierversuchsfreien Methoden für alle Beteiligten das Beste sind. Wir müssen die Experten der verschiedenen Fachgebiete konsultieren und alle anderen Seiten anhören. Basierend auf den uns dann vorliegenden Informationen, können wir erst dann die bestmögliche Entscheidung treffen. Und eventuell müssen wir sogar öffentliche Unternehmen und private Institutionen finanziell unterstützen, damit sie diese Änderung vornehmen können.

Das heißt, du hast schon recht. Genug ist genug. Besonders dann, wenn sich die tierversuchsfreien Methoden als genauer und kostengünstiger erweisen. Wir werden jetzt die angemessenen Schritte einleiten, um Regeln und Richtlinien einzuführen. Aber das ist heute nicht mehr möglich.

Ich schlage vor, ein Gremium einzurichten, um mit den Arbeiten an einem möglichen Verbot zu beginnen. Vielleicht könntest du uns dabei helfen. Wir brauchen Experten aus verschiedenen Bereichen, und du scheinst qualifiziert dafür zu sein, für die Tiere zu sprechen.«

Lily strahlte vor stolz. Als sie nickte, konnte man die tiefen Grübchen sehen, die ihr Lächeln formte.

»Ich werde einen Ansprechpartner für dich bestimmen, der für die Kommunikation mit dir während dieses Prozesses verantwortlich ist. Aber bitte hab ein wenig Geduld. Rom wurde auch nicht an einem Tag erbaut. Und das ist nur ein Aspekt von dem, mit dem wir uns befassen müssen. Das wird einige Zeit dauern. Ich danke dir, dass du heute zu uns gesprochen hast. Du warst nicht nur überzeugend, sondern auch inspirierend. Und dafür danken wir dir. Nicht wahr, meine Damen und Herren?« Alle im Saal klatschten erneut.

»Bist du bereit, die offizielle Sprecherin der Tiere zu sein, Lily?«

»Es wäre mir eine Ehre, danke. Ich danke Ihnen aus tiefstem Herzen«, sagte Lily, als sie die Hand der Kanzlerin nahm und sie schüttelte.

Till und Eva sprangen von ihren Sitzen auf und rannten zu Lily.

»Ich wusste, dass du es schaffst. Herzlichen Glückwunsch!« Till umarmte sie fest.

»Du warst großartig, ich bin so stolz auf dich!«, rief Eva, als sie Lily aus Tills Armen riss.

Lilys Mutter war nicht weit hinter ihnen und eilte auf ihre Tochter zu. Sie streichelte ihre Haare und sagte: »Ich wusste, dass du unglaubliche Dinge tun würdest. Schon in dem Moment, als ich deinen ersten Tritt in meinen Bauch gespürt habe. Ich liebe dich so sehr, mein Liebling.«

Der gleiche Mann, der Lily, ihre Mutter und ihre Freunde hinein begleitet hatte, kam herauf, um sie alle wieder herauszuführen.

»Einen Moment bitte.« Lily rannte schnell zum Fenster und öffnete es. Die Tiere hörten auf, herumzutollen und drehten sich zu ihr. Mit einem breiten Lächeln atmete sie so tief ein, wie sie konnte. Dann atmete sie ganz entspannt wieder aus. Eine frische Brise wehte über den Rasen und die Tiere sprangen verzückt hin und her. Es war ein wahres Freudenfest.

Mutter Natur erschien in Gestalt der alten Dame inmitten der Tiere. Sie machte ein paar Schritte in Richtung des Gebäudes, zog ihre Kapuze ab, sah Lily lächelnd an und verneigte sich. Alle Tiere verneigten sich mit ihr. Sie nickte Lily zu und deutete an, dass sie zu den Tieren zurückzukehren würde. Dann verschwand sie in der Menge. Auch die Tiere zerstreuten sich eins nach dem anderen. Nur die Menschen blieben auf dem Rasen zurück.

Lily drehte sich um und ging zu den anderen, die an der Tür auf sie warteten. Nun war es Zeit zu feiern.

Als sie nach Hause kamen, wartete Lilys Vater auf der Veranda. Sein herzlicher Empfang war sehr beruhigend, nach einer turbulenten Woche, wie dieser.

»Ich bin so stolz auf dich, mein Schatz. Du hast den echten Unterschied gemacht! Komm herein.«

»Überraschung!« Lily sprang in die Luft, als ihre Klassenkameraden und ihre Lehrer ihr zujubelten.

Das Haus war wunderschön mit bunten Luftballons dekoriert. Konfetti war überall verstreut, und es gab ein riesiges Banner mit der Aufschrift »Herzlichen Glückwunsch, du hast es geschafft, Lily!«

»Aber Papa, ich habe wirklich noch nichts erreicht. Nichts hat sich bis jetzt geändert.«

»Willst du mich veräppeln? Du hast den Samen gepflanzt. Er wird wachsen und sich in etwas Bewundernswertes und Erstaunliches verwandeln. Ohne dich hätten sie nie daran gedacht, einen speziellen Ausschuss zu bilden, um Tierversuche abzuschaffen.«

Ihr Vater sah sie mit Augen an, die nicht ernsthafter sein konnten. »Als WENN sich noch nichts geändert hätte! Lily, du BIST die Veränderung!«

Lily verbrachte den Rest des Tages damit, ihren Freunden über Berlin zu erzählen. Die Tiere auf dem Land fragten sie, welche Aufgabe sie jetzt in dieser Rolle hatte. »Sprecherin der Tiere.« Wie auch immer, es klang auf jeden Fall gut.

Nachdem alle gegangen waren, zog sich Lily nach oben zurück, um auszupacken und sich vor dem Schlafengehen noch etwas zu entspannen. Es war ein ganz normaler Wochentag, und sie brauchte ein wenig Ruhe, denn morgen war ja wieder Schule.

Aber nicht, bevor sie mit Ralph gesprochen hatte. »Ich

wünschte, ich könnte dich in den Arm nehmen und drücken. Ich freue mich so, und ich bin sehr stolz auf dich«, empfing er sie.

»Tatsächlich hatte ich solche Angst, dass sie mir nicht zuhören würden und mich einfach rausschmeißen. Stell dir nur mal vor, wenn ich vorher aufgegeben hätte. Wie dumm wäre das gewesen! Was wäre dann passiert? Nichts!«

Sie öffnete die Balkontür, um frische Luft hereinzulassen. Der Vollmond schien hell durch ihre dünnen Vorhänge.

Lily begann, den Rest auszupacken.

Da! Ein leises Geräusch auf ihrem Balkon. Das konnte nur einer sein.

»Ich bin so stolz auf dich!«, sagte Alo, der behutsam ins Zimmer getreten war.

Sie verbrachten die nächste Stunde damit, über ihren Besuch in Berlin zu sprechen. Vor allem über die positiven Reaktionen derer, die dort all diese Tiere gesehen hatten. Und über zwei ihrer seltsamen Träume, in denen er sie anscheinend gejagt, aber in Wirklichkeit nur mit ihr gespielt hatte.

»Kannst du mir versprechen, dass du mich in meinen Träumen nicht wieder so erschrecken wirst?«

»Ich kann dir nur etwas versprechen, über das ich die Kontrolle habe. Für mich klingt das aber eher danach, als hättest du nur Angst vor der Schule und deinen Präsentationen gehabt und nicht vor mir.«

»So oder so, ich bin irgendwie froh, dass es vorbei ist«, gestand Lily.

»Es ist noch nicht vorbei. Dies ist der Anfang von etwas Wunderbarem, und ich hoffe, du kannst das auch fühlen.«

»Ich glaube, ich kann es fühlen«, sagte Lily. Sie war sich aber unsicher, was er meinte. Aber auch zu müde, um zu fragen.

»Ich werde jetzt gehen. Du hattest eine arbeitsreiche Woche und brauchst jetzt deine Ruhe. Wir können uns darüber noch an einem anderen Tag unterhalten«, sagte Alo und ging langsam auf den Balkon, um lautlos zu verschwinden.

Lily wurde von einem hellen Licht geweckt und kniff die Augen zusammen. »Sind Sie das, Mutter Natur?«

»Ja, ich musste dich heute Abend noch sehen, um dir das hier zu geben.« Mutter Natur reichte ihr eine wunderschöne weiße Lilie. »Die weiße Lilie bedeutet Leben, Unschuld und Reinheit. Ich pflege diese Blume seit zehn Jahren für dich und habe die ganze Zeit auf den Moment gewartet, an dem ich sie dir geben kann. Es ist deine Blume, Lily. Sie wird dich für immer beschützen.«

Mutter Natur winkte magisch mit ihrer Hand, und eine schöne Kristallvase mit Wasser erschien auf Lilys Schreibtisch.

»Komm morgen nach der Schule mit deinen Freunden in den Wald. Ich habe eine Überraschung für euch alle«, sagte Mutter Natur und verschwand. Sie hinterließ ein weiß aufsteigendes und funkelndes Glitzern.

Mit einem breiten Lächeln im Gesicht schlief Lily ein.

Der nächste Schultag war wieder außergewöhnlich. Lily fühlte sich wie ein Rockstar, aber sie genoss es nur kurze Zeit. Sie war erleichtert, als der Lehrer hereinkam, um Ruhe und Ordnung wiederherzustellen.

Die gesamte Schule traf sich nochmals im Auditorium, um Lily mit einer weiteren Auszeichnung für ihren Erfolg in Berlin zu ehren. Sie wurde auch gebeten, die Vizepräsidentin der Vereinigung ›Club der bewussten Schüler‹ zu werden. Das war eine von Schülern gegründete Gruppe, die die Schulleitung dabei unterstützen durfte, bewusste Entscheidungen in Bezug auf die Lehrpläne, Schulbucheinkäufe und bei schulischen Unternehmungen zu treffen. Sie fühlte sich geehrt und stimmte ohne Zögern zu.

Die Versammlung im Hörsaal wurde beendet, und die Schüler wurden aufgerufen, wieder ihre Klassenräume aufsuchen. Auf ihrem Weg durch den Flur kam ihr Viktoria entgegen.

»Oh, nun sieh mal, wer da ist! Fräulein Großmaul! Du machst mir nichts vor, Missy. Ich weiß, dass du nicht perfekt bist, und das werde ich irgendwann beweisen!« Viktoria schob sich an ihr vorbei und ging weiter.

Wie auch immer. Lily versuchte, sich nicht über sie aufzuregen, aber sie war trotzdem besorgt. Lily mochte es nicht, grundlos Feinde zu haben.

Der Tag verging schnell, und bevor sie sich versah, war sie schon mit Eva und Till auf dem Weg in den Wald, um Mutter Natur zu treffen.

An ihrem üblichen Treffpunkt war sie nicht zu sehen. Stattdessen waren dort Hunderte von Tieren versammelt. Ob groß oder klein, stark oder zerbrechlich – alle begrüßten sie und jubelten ihr zu. Lily erzählte ihnen von ihrer Reise. Dann erschien Mutter Natur.

Sie schien größer als je zuvor, und ihre strahlenden grünen Katzenaugen funkelten wie Smaragde.

Auf einen Schlag öffnete Mutter Natur ihre Schwingen, soweit sie nur konnte. Das Gefieder war immer noch spärlich und stand nicht in voller Pracht, aber das war es nicht, was Lily überraschte. Jede einzelne Feder leuchtete in einem reinen goldenen Licht. Und sie sah schöner aus als je zuvor. Sie sah völlig gesund aus!

»Wie konnte das sein? Ich habe noch kein einziges Tier gerettet!« rief Lily.

»Aber doch, Lily. Nach deiner Rede haben einige Regierungsbeamte ein paar Telefonate geführt und so den Ball ins Rollen gebracht«, sagte Mutter Natur. »Einer der ersten Anrufe erreichte Dr. Schwarz, den Laborleiter. Er stoppte sofort alle

Tests und forderte seine Mitarbeiter auf, sich so gut wie möglich um alle Tiere zu kümmern. Solange, bis das Rehabilitationsteam eintreffen würde. Sein gesamtes Personal hat seine weißen Laborkittel ausgezogen und das ganze Wochenende über jedes Tier in diesem Gebäude getröstet. Sie haben es im Schichtbetrieb gemacht, und Dr. Schwarz hat das Gebäude die ganze Zeit nicht verlassen. Er selbst hat sich um die Affen gekümmert!

Er hat die besten Reha-Einrichtungen in ganz Europa kontaktiert und ist heute früh zu einem Expertenteam geflogen. Sie haben dafür gesorgt, dass die Rehabilitation morgen schon beginnt!« Mutter Natur leuchtete vor Freude.

»Du hast bereits mindestens 300 Labortieren das Leben gerettet und diese neuen Federn beginnen nun zu wachsen.«

Lily traute ihren Ohren nicht. Sie rannte rüber zu Mutter Natur und umarmte sie so, wie sie noch nie jemanden umarmt hatte.

»Ich danke dir von ganzem Herzen und jedes Tier auf diesem Planeten auch. Du bist eine Legende, liebe Lily. Wir werden dir für immer dankbar sein. Es bleibt jedoch noch viel zu tun. Das ist nur der Anfang. Bist du bereit, uns weiterhin zu helfen?«

»Natürlich, was soll ich tun?«, fragte Lily eifrig.

»Geh nach Hause und ruhe dich aus. Genieße diese wundervolle Ferienzeit und verbringe viel Zeit draußen in der Natur oder vor dem Kamin mit deiner Familie und deinen Freunden. Wir sehen uns sehr bald wieder«, sagte Mutter Natur und verschwand. Diesmal hinterließ sie eine Spur von weißen Lilien und grünem Glitzer.

Lily, Eva und Till fühlten sich, als hätten sie das Dach der Welt erklommen. Sie feierten noch eine Weile mit den Waldtieren und gingen dann nach Hause. Hand in Hand hüpften sie durch den Wald an Marley, dem Ahornbaum vorbei. Sie gingen über die kleine Lichtung, schlichen den rutschigen, schlammigen Hügel hinunter, huschten an dem großen Fichtenbaum vorbei und schlängelten sich durch die dichten Büsche. Glücklich erreichten die Freunde Lilys Garten.

Ende

MUTTER NATUR

Vorstellung von Jess Lohmann, illustriert von Heather Brockman-Lee

FÜNFZEHN EINFACHE DINGE, DIE VOR ALLEM LABORTIEREN NÜTZEN

Das Retten von Tieren mag wie eine große Aufgabe erscheinen, aber wenn du es in einfache kleine Schritte aufteilst, kannst du mit wenig Aufwand viel erreichen. Hier sind einige Dinge, die du problemlos von zu Hause aus oder ohne die Hilfe deiner Eltern machen kannst.

1. Kauf nur tierversuchsfreie Produkte wie Kosmetika, Körperpflegeprodukte und Haushaltsprodukte. Überprüfe die Internetseiten der Hersteller auf entsprechende Prüfzeichen und Siegel. Bitte denk daran, dass die Behauptung ›Wir sind gegen Tierversuche‹ nichts zu bedeuten hat.

Als Referenz können folgen Listen hilfreich sein:

Leaping Bunny: *leapingbunny.org/guide/brands*

Achte auf das Hasensymbol auf Verpackungen.

PETA-Liste (PETA Deutschland e.V.): *kosmetik.peta.de*

BDIH (Bundesverband der Industrie- und Handelsunternehmen): *bdih.de*

2. Wenn du nicht sicher bist, ob deine Lieblingsprodukte frei von Tierversuchen sind, schreibe dem Unternehmen und stelle ihm die folgenden drei Fragen:

- Werden Ihre Endprodukte, Rohstoffe oder Zutaten an Tieren getestet?
- Testen Dritte in Ihrem Namen Tiere?
- Verkaufen Sie Ihre Produkte in China außerhalb von Hongkong*?

*Die chinesische Regierung verlangt, oder zumindest war das früher so, dass in China verkaufte ausländische Kosmetikmarken an Tieren getestet werden. Dieses Gesetz gilt jedoch weder für in Hongkong verkaufte Kosmetika noch für Online-Produkte. Die chinesische Gesetzgebung ist sehr umfangreich, hat aber auch zahlreiche Lücken. Sie ist daher für diejenigen, die nicht kommerziell damit zutun haben, sehr verwirrend.

Weitere Informationen findest du in den Blogbeiträgen von ›Ethical Elephant‹ (auf Englisch). *ethicalelephant.com*

3. Nimm Kontakt mit offiziellen Regierungsstellen auf, um diese aufzuforderen, sich gegen Tierversuche auszusprechen. Du kannst zunächst deren Stellungnahme zu Tierversuchen

erbitten. Frage auch nach geltenden Bestimmungen in deinem Bundesland und prüfe, ob Maßnahmen zur Einführung tierversuchsfreier Forschungsmethoden ergriffen wurden.

4. Engagiere dich bei einer lokalen, nationalen oder internationalen Tierrechtsorganisation, die sich für das Verbot von Tierversuchen einsetzt.

- Ärzte gegen Tierversuche e.V.: *aerzte-gegen-tierversuche.de*
- Deutscher Tierschutzbund e.V.: *tierschutzbund.de/aktion/kampagnen/tierversuche*
- LPT Schließen: *lpt-schliessen.org*
- Cruelty-free International (Englisch): *crueltyfreeinternational.org*

5. Sprich mit deinen Freunden und innerhalb deiner Familie über dieses Thema. Bildung ist der Schlüssel zu vielem. Du wirst feststellen, dass einige Menschen einfach nichts über dieses Thema wissen. Sie kennen zum Beispiel die tierversuchsfreie Forschung nicht, über die du in diesem Buch gelesen hast. Mit diesen Informationen kannst du für die Tiere sprechen und andere zum Kauf tierversuchsfreier Produkte motivieren.

6. Rede offen mit deinem Biologielehrer / deiner Biologielehrerin über das Sezieren im Unterricht. Ich werde meine schreckliche Erfahrung als junge Studentin nie vergessen. Glücklicherweise werden viele Schüler heute nicht mehr gezwungen, tote Tiere aufzuschneiden, wenn sie das nicht wollen.

Schaue dir vorher bitte dieses Video an: *youtu.be/pZq02cIPt2c*.

Es ist ein Interview mit drei jungen Wissenschaftlern, die

Tierversuche machen.

7. Wenn du alt genug bist, kannst du darüber nachdenken, Organspender*in zu werden und deinen Körper der Wissenschaft zu überlassen. Mehr als der Körper jeder anderen Spezies kann der unsere dem Menschen helfen, neue Wege der Heilung oder des Schutzes zu finden.

8. Verfolge Blogger, Influencer oder YouTuber, die sich mit dem Thema auseinandersetzen. Scheue dich nicht, auch selbst Fragen und Beiträge zu erstellen. Du wirst nach kürzester Zeit feststellen, wie sich deine Einstellung und deine Kenntnisse in diesem Bereich verändern.

Hier sind ein paar, die du im Auge behalten solltest:

- Vegan Beauty Blog von Erbse: *kosmetik-vegan.de/tierversuche*
- Clear You Up!: *clear-you-up.de*
- funk (Content-Netzwerk von ARD und ZDF): *funk.net/search?q=tierversuche*
- Utopia: *utopia.de/ratgeber/kosmetik-ohne-tierversuche*
- Ethik.Guide: *ethikguide.org/?s=tierversuche*
- Lunar Jess: *lunarjess.de*

9. Begehe am 24. April den ›**Tag des Versuchstiers**‹ und jeden anderen internationalen oder nationalen Tag, an dem die Rechte der Tiere gewürdigt oder vertreten werden.

Jedes Jahr machen Tierschutzorganisationen am 24. April, dem ›Tag des Versuchstiers‹, auf die teils sehr grausamen Experimente an Labortieren aufmerksam.

Du kannst auch nachsehen, ob Veranstaltungen in deiner Stadt oder in deiner Nähe stattfinden. Vielleicht organisierst du sogar irgendwann deine eigene Veranstaltung mit deinen

Freunden und Nachbarn. Oder du machst es im Rahmen eines anderen Festes (Straßenfest, Pfarrfest, Schulfest etc.)

Hier sind zwei gute Quellen, um interessante nationale und internationale Tage herausfinden:

Internationale UN-Tage

un.org/en/sections/observances/international-days

Deutschland feiert

deutschland-feiert.de/feiertage/sonstiges/aktionstage

10. Informiere dich über Forschungseinrichtungen in deiner Region (lokal und national), die Labortieren helfen und mit der Regierung und auch den Laboren zusammenarbeiten, um ein nationales Verbot von Tierversuchen zu erreichen.

Dazu gehören zum Beispiel:

CAAT-Europe (Center for Alternatives to Animal Testing Dt.: Zentrum für alternative Tierversuche)

Das CAAT-Europe wurde 2009 gegründet und hat 2010 ein Joint Venture mit der Johns Hopkins University in den USA und der Universität Konstanz in Deutschland geschlossen. Das Ziel ist es, neue Entwicklungen und verbesserte Methoden in der Toxikologie zu fördern und gleichzeitig ein Partner bei der Strategieentwicklung für Unternehmen zu sein. Insbesondere bei der Bereitstellung von Plattformen für Personen (Stakeholder), für die es aufgrund ihrer Interessenlage von Belang ist, wie sich ein Unternehmen für seine Zukunft positioniert (Aktionäre, Mitarbeiter, Kunden und Lieferanten). In diesen Foren werden zum Beispiel Ideen ausgetauscht, um das 3R-Prinzip (Verfeinerung, Reduzierung, Ersatz) zu verbessern und eine humanere Wissenschaft zu fördern.

11. Installiere *ecosia.com* als Standardsuchmaschine auf deinem Computer. Dann hilfst du mit jedem Klick, einen Baum zu pflanzen. Sie verwenden übrigens die Bing-Technologie.

12. Wenn du oder deine Eltern in sozialen Medien unterwegs seid, vernetzt euch doch bitte mit mir, da ich häufig auch andere Informationen teile, die zur Rettung von Tieren beitragen können.

Du findest mich auf all diesen Kanälen:
LinkedIn: *linkedin.com/in/jessicalohmann*
Twitter: *twitter.com/jesslohm*
Twitter: *twitter.com/lilybowersandco*
YouTube: *youtube.com/channel/UCNoQktvUBlCMcP6ioahsiOg*
Facebook: *facebook.com/jesslohmann*
Instagram: *instagram.com/jesslohmann*
Pinterest: *pinterest.de/jesslohm*

13. Du kannst deine Eltern bitten, meinen Newsletter (nur auf Englisch) ›Talk About Nature! : *jesslohmann.com/talk-about-nature* ‹ (›Sprich über die Natur!‹) zu abonnieren. Dort erhältst du weitere Infos zur Tierrettung und zu naturbezogenen Themen sowie über bevorstehende Veröffentlichungen. **Die Abenteuer von Lily Bowers haben gerade erst begonnen.**

14. Rückmeldungen von Lesern und Leserinnen sind unverzichtbar, wenn man Botschaften verbreiten und neue Menschen gewinnen will, die dieses Buch lesen und die darin vertretenen Ansichten teilen möchten. Wenn dir dieses Buch gefallen hat, bitte deine Eltern, eine Rezension zu schreiben, oder schreibe sie selber. Ich würde mich freuen.

15. Bitte deine Eltern, sich auf Facebook mit Mitgliedern der ***Raising Conscious Kids-Gruppe*** : *facebook.com/groups/raisingconsciouskids* (auf Englisch) zu treffen, um den Gedankenaustausch auch dort fortzuführen.

Jeder kleinste Schritt hilft, Labortiere vor Schmerzen und Leid zu bewahren.

Mutter Natur, die Tiere und ich danken dir sehr für deinen Beitrag.

ZITATE, DIE ROCKEN

»Die Größe und den moralischen Fortschritt einer Nation kann man daran messen, wie sie ihre Tiere behandelt.«
~ Mahatma Gandhi

»Die größte Gefahr für unsere Zukunft ist die Gleichgültigkeit.«
~ Dr. Jane Goodall

»Was du tust, macht einen Unterschied, und du musst entscheiden, welche Art von Unterschied du machen möchtest.«
~ Dr. Jane Goodall

»Bis wir aufhören, allen anderen Lebewesen Schaden zuzufügen, sind wir immer noch Wilde.«
~ Thomas Jefferson

»Und, wenn sie versuchen, dich zu unterdrücken und zu zerstören; erhebe dich immer und immer wieder wie der Phönix aus der Asche; bis die Lämmer zu Löwen werden und die Herrschaft der Dunkelheit vorüber ist.«
~ Maitreya, der Freund aller Seelen

»Alles ist miteinander verbunden. Was auch immer der Erde widerfährt, es wird auch ihren Kindern widerfahren. Der Mensch webt nicht das Netz des Lebens; er ist nur einer seiner Fäden. Was auch immer er mit dem Netz macht, tut er auch sich selbst an.«
~ Ted Perry

»Jedes Jahr leiden und sterben Zehntausende von Tieren bei Labortests für Kosmetika und Haushaltsprodukte ... trotz der Tatsache, dass diese Testergebnisse nicht dabei helfen können, die versehentliche oder die vorsätzlich falsche Anwendung dieser Produkte zu verhindern. Bitte macht mit und helft mir, indem ihr denjenigen eure Stimme gebt, deren Schreie sonst für immer hinter den Labortüren verhallen.«
~ Woody Harrelson

»Es wird eine Zeit kommen, in der die Welt auf Eingriffe an lebenden Tieren für Forschungszwecke zurückblicken wird, wie auf die brennenden Scheiterhaufen im Namen des Glaubens.«
~ Kathryn Bigelow

»Alle Tiere, auch die menschlichen, sollten gleichberechtigt sein und verdienen Liebe und Respekt.«
~ Lily Bowers

»Wenn wir Mutter Natur und alles, wofür sie steht, respektieren, werden wir mit uns im Reinen sein. Wenn wir mit uns selbst zufrieden sind, werden wir auch Frieden mit anderen finden. Dann und nur dann, wird es Weltfrieden geben.«
~ Alo

»Sobald wir uns darüber bewusst sind, wie wir von Tieren sprechen, können wir anfangen, für Tiere zu sprechen.«

~ Jess Lohmann

»Als Eltern haben wir die moralische Verantwortung, den Geist unserer Kinder lebendig, gesund und glücklich zu erhalten. Als Mensch sollte sich das aber auch auf alle anderen Lebewesen erstrecken. Die Seelen von Tieren zu brechen, verstößt gegen alle Gesetze der Natur und des Universums.«
~ Jess Lohmann

DAS SAGT DIE WELTGEMEINSCHAFT

»Wir planen eine Welt, in der jedes Land ein anhaltendes und nachhaltiges Wirtschaftswachstum erreicht und anständige und menschenwürdige Arbeit für alle bereitstellt. Eine, in der die Menschheit im Einklang mit der Natur lebt. Und Wildtiere und andere lebende Tierarten geschützt sind.«
~ UN-Ziele für nachhaltige Entwicklung (Politische Erklärung)

Die 17 Ziele für nachhaltige Entwicklung (Sustainable Development Goals - SDGs) wurden 2015 von allen 193 Mitgliedstaaten der Vereinten Nationen festgelegt, um die vielen globalen Herausforderungen zu verbessern, denen wir uns heute gegenübersehen. Ein 15-Jahres-Plan wurde festgelegt, um alle 17 Ziele zu erreichen.

Von der Bekämpfung der Armut über Analphabetismus, Klimawandel und Ungleichheit bis hin zur Wiederherstellung der biologischen Vielfalt, sauberem Wasser und sanitären Einrichtungen, Wirtschaftswachstum, erschwinglicher Energie usw.

Es wurden viele Erfolge erzielt, aber die Arbeit in den lokalen und nationalen Gebietskörperschaften ist sehr langsam, und es liegt in unserer Verantwortung als fürsorgliche Einzelpersonen, sich zu engagieren und zu helfen.

Wir, die Menschen, haben die Macht, diese Ziele in unserem Geschäftsleben und im privaten Bereich umzusetzen: Mit freiwilligem Einsatz, Spenden und der Verbreitung unserer Überzeugung können wir etwas verändern.

Da die Rettung von Tierarten im Mittelpunkt von Jess' ›***Bestimmung***‹ steht, engagiert sie sich leidenschaftlich dafür, dass die folgenden drei Ziele erreicht werden:

 # 13: Klimaschutz

 # 14: Leben unter Wasser

 # 15: Leben an Land

Denn wenn wir das nicht begreifen, werden wir als menschliche Tierart aussterben, und dann ist alles vorbei.

Nichts anderes zählt.

ÜBER DIE AUTORIN

Jess Lohmann wünscht sich eine Welt, in der Mensch und Tier die Möglichkeit haben, auf natürliche Art und Weise zusammenzuleben. In dieser Welt gibt es keine ausbeutende Kinderarbeit, keine Tierversuche, keinen Tiermissbrauch, keine Pestizide, keine schädlichen Chemikalien in Lebensmitteln, Medikamenten oder Kleidung, die wir täglich zu uns nehmen oder tragen.

Rassismus, Intoleranz, Armut und Krieg existieren dort nicht.

Jess glaubt fest daran, dass, wenn die Menschheit die Natur und alles, wofür sie steht, respektieren würde, wir auch dem Frieden in unserer Welt immer näherkommen könnten.

Denn wenn wir eins mit der Natur sind, können wir Frieden in uns selbst finden.

Und wenn wir Frieden mit uns selbst geschlossen haben, können wir auch den Frieden mit anderen erreichen.

Glaubt sie an Feenstaub? ***Absolut!***

Sie glaubt aber auch an die Vernunft der Menschen und an deren Fähigkeit, zusammenzuarbeiten, um die Welt zu einem besseren Ort zu machen.

Jess ist auf Long Island in New York geboren und aufgewachsen. Von ihren Eltern lernte sie, die Natur und alle Tiere zu lieben und zu respektieren. Sie machte viele Campingausflüge mit ihrer Familie und half ihrer Mutter bei der Pflege von ausgesetzten Haustieren oder verletzten Wildtieren. Außerdem arbeitete sie während ihrer Zeit an der High School und im Studium an der Universität als Tierpflegerin und Assistentin eines Tierarztes.

1995 zog Jess nach Deutschland ins Münsterland, wo sie mit ihrer Familie lebt. Nicht weit entfernt befindet sich ein magisch-schöner Wald, in dem viele Wildtiere zu Hause sind.

Jess schreibt nicht nur gerne. Mit ihrer Arbeit bei Ethical Brand Marketing (*ethicalbrandmarketing.com*) unterstützt sie visionäre Führungskräfte bei der Entwicklung und Umsetzung von wirkungsvollen ethischen Marketingstrategien.

Und weil ihre Stimme für die Vertonung von Audiobeiträgen für Wirtschaft und Rundfunkanstalten gefragt ist (*jessicavoiceover.com*), kann man sagen: **Sie schreibt und spricht für die Natur und die Tiere.**

Lesen Sie mehr über Jess Lohmann auf ihrer Internetseite (*jesslohmann.com*) und melden Sie sich gerne für ihren Newsletter an: Sprechen Sie mit ihr über die Natur. Talk about Nature! : *(jesslohmann.com/talk-about-nature).*

1. Auflage (deutsch) 10. Dezember 2020: Tag der Tierrechte

Deutsche Übersetzung: Ernst Drews

Übersetzungslektorat: Nadine Stelzer

Illustrationen: Antonia Drews

Grafische Nachbearbeitung: Ernst Drews und Jess Lohmann

Verlag: Ethical Brand Marketing, Stadtfeldstr. 12, 59379 Lüdinghausen

ISBN 978-3-9820639-3-5

Die erste englische Ausgabe wurde am **24. April 2019, am Welttag für Labortiere** veröffentlicht. (Rel: 001-de/201210)

www.ingramcontent.com/pod-product-compliance
Lightning Source LLC
LaVergne TN
LVHW091405190726
843491LV00006B/1268

* 9 7 8 3 9 8 2 0 6 3 9 3 5 *